Do Espírito Geométrico

Pensamentos

BLAISE PASCAL

DO ESPÍRITO GEOMÉTRICO

PENSAMENTOS

Tradução
Antonio Geraldo da Silva

Lafonte

Título original: *De l'Esprit géométrique / Pensées*
Copyright da tradução © Editora Lafonte Ltda., 2018

Todos os direitos reservados.
Nenhuma parte deste livro pode ser reproduzida sob quaisquer meios existentes sem autorização por escrito dos editores.

Direção Editorial *Sandro Aloísio*
Organização Editorial e Tradução *Antonio Geraldo da Silva*
Revisão *Suely Furukawa*
Diagramação *Demetrios Cardozo*
Imagem de Capa *Andrey Kuzmin / Shutterstock.com*

```
Dados Internacionais de Catalogação na Publicação (CIP)
      (Câmara Brasileira do Livro, SP, Brasil)

   Pascal, Blaise, 1623-1662
      Do espírito geométrico : pensamentos / Blaise
   Pascal ; tradução Antonio Geraldo da Silva. --
   São Paulo : Lafonte, 2018.

      Título original: De l'esprit géométrique
      ISBN 978-85-8186-325-2

      1. Filosofia 2. Matemática - Filosofia
   3. Raciocínio I. Título.

18-21184                                        CDD-194
```

Índices para catálogo sistemático:

1. Filosofia francesa   194

Cibele Maria Dias - Bibliotecária - CRB-8/9427

Editora Lafonte

Av. Profª Ida Kolb, 551, Casa Verde, CEP 02518-000, São Paulo-SP, Brasil
Tel.: (+55) 11 3855-2100, CEP 02518-000, São Paulo-SP, Brasil
Atendimento ao leitor (+55) 11 3855- 2216 / 11 – 3855 - 2213 – *atendimento@editoralafonte.com.br*
Venda de livros avulsos (+55) 11 3855- 2216 – *vendas@editoralafonte.com.br*
Venda de livros no atacado (+55) 11 3855-2275 – *atacado@escala.com.br*

ÍNDICE

Apresentação 7

Do Espírito Geométrico 11

Seção I
Do Método das Demonstrações Geométricas, Isto é, Metódicas e Perfeitas 13

Seção II
Da Arte de Persuadir 29

Prefácio ao Tratado Sobre o Vácuo 43

Apresentação 45

Três Discursos Sobre a Condição dos Grandes 55

Apresentação 57

Primeiro Discurso 59

Segundo Discurso 63

Terceiro Discurso 65

Colóquio entre Pascal e Sacy sobre a Leitura de Epicteto e de Montaigne 69

Apresentação 71

Pensamentos 87

Apresentação

Mais que escritor e filósofo, Pascal foi um cientista, um gênio precoce em física e matemática. Espírito observador e perspicaz, atento a todas as pequenas coisas da natureza, do tempo e do espaço, estudioso das grandes descobertas dos cientistas que o haviam antecedido em todos os tempos, guiado por uma mente questionadora e perquiridora, Pascal passou praticamente a vida inteira fazendo experiências para provar princípios de física e matemática e descobrindo novos. O primeiro texto deste volume, *Do espírito geométrico*, reflete muito bem a mente de cientista e pesquisador e mesmo uma preocupação indissociável da consciência humana em estabelecer a verdade, o que é certo, o que é perfeito, o que pode se tornar perfeito, eliminando o duvidoso, o errôneo, o supersticioso por meio de princípios axiomáticos e indiscutíveis. O que o autor questiona e discute não são princípios de moral e atitudes comportamentais do ser humano – embora subliminarmente pareça querer abarcá-los – mas somente o que atinge e o que compete ao espírito, ao pensamento filosófico, à pesquisa científica, à verdade. Por esse motivo, Pascal estabelece regras necessárias para as definições, regras necessárias para os axiomas e regras necessárias para as demonstrações, além de indicar a ordem em que devem ser dispostas as hipóteses e as proposições, culminando, portanto, com um método seguro e eficaz a ser seguido em toda pesquisa séria sobre qualquer segmento da ciência e do saber.

Este opúsculo não deixa de ser uma crítica aos muitos pseudocientistas e pseudofilósofos do século XVII, uma condenação dos espíritos superficiais que se aventuravam em ciência e filosofia, produzindo obras de valor discutível. Por outro lado, ao defender a geometria como a mais nobre das ciências, Pascal se deixa imbuir por suas verdades matemáticas e transfere para seu espírito uma rigidez e um rigorismo que, à primeira vista, parece não se coadunar com as ciências do comportamento humano, como a sociologia, a antropologia, a psicologia e até mesmo a religião. Parece que ele pretende reduzir tudo a um binômio insofismável, o racional e o irracional. O primeiro, explicando ou tentando explicar tudo; o segundo, mostra, se revela, pouco explica e induz facilmente ao erro. Talvez essa visão tenha sido um dos fatores determinantes que tenham levado Pascal a abraçar e a defender publicamente o jansenismo – corrente religiosa católica que pregava uma moral extremamente rigorosa e sufocante, fonte de escrúpulos e de traumas psicológicos em seus seguidores.

Na verdade, o estudo de Pascal tem como objetivo principal a busca da verdade e, como ele próprio afirma, cumpre seguir três passos fundamentais: primeiro, descobrir a verdade ao procurá-la; segundo, demonstrá-la ao possuí-la; terceiro, discerni-la do falso ao examiná-la.

Ele continua dizendo: "Não falo do primeiro, trato particularmente do segundo que encerra o terceiro. De fato, se alguém souber o método de provar a verdade, terá ao mesmo tempo aquele de discerni-la, porquanto, ao examinar se a prova que apresenta é conforme às regras que conhece, resultará se foi demonstrada com exatidão. A geometria, que é superior nesses três gêneros, explicou a arte de descobrir as verdades desconhecidas; e é o que ela chama análise e seria inútil discorrer sobre ela, depois de tantas obras excelentes que foram produzidas. Demonstrar as verdades já descobertas e esclarecê-las de tal modo que sua prova seja invencível, é a única coisa que pretendo transmitir."

Os outros textos publicados neste volume tratam de outros temas bem diversos. O primeiro, intitulado *Três discursos sobre a condição dos grandes*, se caracteriza precisamente como um texto diplomático, endereçado aos governantes, aos ocupantes de cargos proeminentes na sociedade, em que o autor fornece elementos e ideias práticas e políticas de como se comportar no exercício do cargo ou da função.

O segundo texto reproduz uma conversa entre Pascal e Sacy ou

De Sacy sobre o conteúdo das obras do filósofo grego Epicteto e do pensador francês Montaigne, estabelecendo paralelos entre ambos, condenando pontos de vista e posições filosóficas dos dois e criticando suas incongruências.

O último texto é, na realidade, uma reprodução de alguns pensamentos de Pascal, coletados de sua obra (publicada postumamente por seus amigos), intitulada exatamente *Pensées*, Pensamentos. Para cada um desses últimos textos que compõem este volume convém consultar a breve introdução que consta no início de cada um deles.

O tradutor

Do Espírito Geométrico

Pode-se ter três objetos principais no estudo da verdade: um, descobri-la ao procurá-la; outro, demonstrá-la ao possuí-la; o último, discerni-la do falso ao examiná-la.

Não falo do primeiro, trato particularmente do segundo que encerra o terceiro. De fato, se alguém souber o método de provar a verdade, terá ao mesmo tempo aquele de discerni-la, porquanto, ao examinar se a prova que apresenta é conforme às regras que conhece, resultará se foi demonstrada com exatidão.

A geometria, que é superior nesses três gêneros, explicou a arte de descobrir as verdades desconhecidas; e é o que ela chama análise e seria inútil discorrer sobre ela, depois de tantas obras excelentes que foram produzidas.

Demonstrar as verdades já descobertas e esclarecê-las de tal modo que sua prova seja invencível, é a única coisa que pretendo transmitir. E, para tanto, nada mais preciso que explicar o método que a geometria observa nisso, pois ela o ensina perfeitamente por seus exemplos, embora não produza a respeito nenhum discurso. E como essa arte consiste em duas coisas principais, a de provar cada proposição em particular e a de dispor todas as proposições na melhor ordem, vou dividi-la em duas seções: uma vai conter as regras da conduta das demonstrações geométricas, isto é, metódicas e perfeitas, enquanto a segunda vai compreender aquelas da ordem geométrica, ou seja, metódica e completa, de modo que as duas juntas vão encerrar tudo o que seria necessário para a conduta do raciocínio, a fim de provar e discernir as verdades, das quais tenho a intenção de dá-las por inteiro.

SEÇÃO I
DO MÉTODO DAS DEMONSTRAÇÕES GEOMÉTRICAS, ISTO É, METÓDICAS E PERFEITAS

Não posso levar a entender melhor a conduta que se deve ter para tornar as demonstrações convincentes do que explicando aquela que a geometria observa e não posso fazê-lo perfeitamente sem dar antes a ideia de um método ainda mais eminente e mais completo, mas ao qual os homens jamais poderiam chegar, pois o que a geometria passa nos ultrapassa; é necessário, no entanto, dizer alguma coisa a respeito, embora seja impossível praticá-lo e muito mais de conseguir um e outra.

E só escolhi esta ciência para chegar a isso porque unicamente ela sabe as verdadeiras regras do raciocínio e, sem se deter nas regras dos silogismos que são de tal forma naturais que não se pode ignorá-las, se detém e se baseia no verdadeiro método de conduzir o raciocínio em todas as coisas, que quase todos desconhecem e que é tão vantajoso saber, que vemos por experiência que, entre espíritos iguais e qualquer coisa semelhante, aquele que tem geometria vence e adquire um vigor totalmente novo.

Quero, portanto, dar a entender o que é demonstração por meio daquelas de geometria que é praticamente a única das ciências humanas que produza demonstrações infalíveis, porque unicamente ela observa o verdadeiro método, ao passo que todas as outras estão, por uma necessidade natural, numa espécie de confusão que somente os geômetras sabem reconhecer com exatidão.

Esse verdadeiro método, que formaria as demonstrações no mais elevado grau de excelência, se for possível chegar a isso, consistiria em duas coisas principais: a primeira, não empregar nenhum termo do qual não se tenha de antemão explicado claramente o sentido; a segunda, não adiantar jamais qualquer proposição de que não tenha sido demonstrada por verdades já conhecidas; ou seja, numa palavra, definir todos os termos e provar todas as proposições. Mas, para seguir a própria ordem que explico, é necessário declarar o que entendo por definição.

Em geometria só se reconhecem as únicas definições que os lógicos chamam definições de nome, isto é, somente as únicas imposições de nome às coisas que foram claramente designadas em termos perfeitamente conhecidos; e falo somente dessas.

Sua utilidade e uso é para esclarecer e abreviar o discurso exprimindo, pelo único nome que é imposto, o que não poderia ser dito senão por meio de muitos termos, de modo que, portanto, o nome imposto fica desprovido de qualquer outro sentido, se o tiver, para ter somente aquele ao qual é unicamente destinado. Um exemplo: se tivermos necessidade de distinguir nos números aqueles que são divisíveis igualmente por dois daqueles que não o são, para evitar a repetição seguida dessa condição, nós lhes conferimos um nome dessa forma: chamamos todo número divisível igualmente por dois de número par.

Aí está uma definição geométrica porque, após ter designado claramente uma coisa, a saber, todo número divisível igualmente por dois, lhe é conferido um nome que é destituído de qualquer outro sentido, se o tiver, para lhe conferir aquele da coisa designada.

Disso parece que as definições são muito livres e nunca sujeitas a serem contraditas, pois, nada há de mais permitido que dar a uma coisa, que foi claramente designada, um nome que se quiser. Deve-se somente tomar cuidado de não abusar da liberdade que se tem de impor nomes, dando o mesmo nome a duas coisas diferentes.

Não quer dizer que isso não seja permitido, contanto que suas consequências não sejam confundidas e que não sejam estendidas a uma e outra.

Mas se cairmos nesse vício, podemos lhe opor um remédio muito seguro e infalível: substituir mentalmente a definição em lugar do definido e ter sempre a definição tão presente que todas as vezes, por exemplo, que falarmos do número par, entendemos precisamente que é aquele que é divisível em duas partes iguais e que essas duas coisas sejam de tal modo unidas e inseparáveis no pensamento que, tão logo o discurso expressar uma, o espírito imediatamente liga a ela a outra.

De fato, os geômetras e todos aqueles que agem metodicamente não impõem nomes às coisas senão para abreviar o discurso e não para diminuir ou mudar a ideia das coisas sobre as quais discorrem. Na realidade, querem que o espírito supra sempre a definição inteira com termos curtos que só empregam para evitar a confusão que a multidão de palavras provoca.

Nada afasta mais prontamente e de modo mais potente as surpresas capciosas dos sofistas que esse método, que é necessário ter sempre presente e que sozinho é suficiente para banir todas as espécies de dificuldades e de equívocos.

Bem entendidas essas coisas, volto à explicação da verdadeira ordem que consiste, como dizia, em tudo definir e em tudo provar.

Certamente esse método seria belo, mas é absolutamente impossível, pois é evidente que os primeiros termos que se quisesse definir suporiam precedentes que servissem à sua explicação e que, da mesma forma que as primeiras proposições que se quisesse provar, suporiam outras que as precedessem; e, desse modo, é claro que nunca se chegaria às primeiras.

Por isso, aprofundando sempre mais as pesquisas, chega-se necessariamente a palavras primitivas que não é mais possível definir e a princípios tão claros que não se encontra outros que o sejam mais para servir de prova para eles.

Em decorrência disso, parece que os homens estão numa impotência natural e imutável de trata qualquer ciência que seja numa ordem absolutamente completa.

Disso não decorre, porém, que se deva abandonar toda espécie de ordem.

De fato, há uma, e é aquela da geometria, que na verdade é inferior naquilo que é menos convincente, mas não naquilo que é menos certo. Essa ordem não define tudo e não prova tudo, e é nisso que cede. Entretanto, só supõe coisas claras e constantes pela luz natural e é por isso que é perfeitamente verdadeira, porquanto a natureza a sustenta na falta do discurso. Essa ordem, a mais perfeita entre os homens, consiste não em tudo definir ou em tudo demonstrar, tampouco em nada definir ou em nada demonstrar, mas em se manter nesse meio-termo de não definir as coisas claras e entendidas por todos os homens e de definir todas as outras; e ainda de não provar todas as coisas conhecidas dos homens e de provar todas as outras. Contra essa ordem pecam igualmente aqueles que se empenham em tudo definir e tudo provar e aqueles que negligenciam em fazê-lo nas coisas que não são evidentes por si mesmas.

É o que a geometria ensina perfeitamente. Ela não define nenhuma dessas coisas, espaço, tempo, movimento, número, igualdade, nem similares, que existem em grande número, porque esses termos designam tão naturalmente as coisas que significam, para aqueles que entendem a língua, que o esclarecimento que se gostaria de dar traria mais obscuridade que clareza.

Com efeito, não há nada de mais fraco que o discurso daqueles que querem definir essas palavras primitivas. Que necessidade há de explicar o que se entende pela palavra *homem*? Já não se sabe bastante que coisa é que se quer designar por esse termo? E que vantagem julgava Platão[1] nos dar, ao afirmar que o homem é um animal de duas pernas e sem penas? Como se a ideia que tenho dele naturalmente, e que não posso exprimir, não fosse mais clara e mais segura que aquela que ele me dá por sua explicação inútil e até mesmo ridícula, uma vez que um homem não perde a humanidade ao perder as duas pernas e um galo não a adquire ao perder suas penas.

Há mesmo aqueles que chegam ao absurdo de explicar uma palavra pela própria palavra. Conheço alguém que definiu a luz desta maneira: "A luz é um movimento luminar dos corpos luminosos." Como se se pudesse entender as palavras luminar e luminoso sem a palavra luz[2].

Não se pode querer definir o ser sem cair nesse absurdo, pois não se pode definir uma palavra sem começar pelo vocábulo *é*, quer seja expresso, quer seja subentendido. Para definir o ser, portanto, seria necessário dizer *é* e assim empregar a palavra definida na definição.

Por causa disso se encontram muitas vezes palavras impossíveis

---

(1) Platão (427-347 a.C.), filósofo grego (NT).

(2) Pascal extrai este exemplo de uma carta que recebeu, na qual o autor da missiva dava esta explicação da luz: "A luz, ou melhor, a iluminação é um movimento luminar dos raios, compostos dos corpos reluzentes que preenchem os corpos transparentes e só são movidos luminarmente por outros corpos reluzentes." No dia 29 de outubro de 1647, Pascal respondia a esse missivista da seguinte maneira: "Devo lhe dizer que me parece que se deveria ter primeiramente definido o que vem a ser luminar e o que realmente é corpo reluzente ou luminoso, caso contrário, não consigo entender o que vem a ser luz. E como nunca empregamos nas definições o termo do definido, eu teria dificuldade em concordar com sua definição que diz que a luz é um movimento luminar dos corpos luminosos" (NT).

de serem definidas; e se a natureza não tivesse suprido essa falta por uma ideia semelhante que deu a todos os homens, todas as nossas expressões seriam confusas; ao passo que usamos muitas delas com a mesma segurança e a mesma certeza que se fossem explicadas de uma maneira perfeitamente isenta de equívocos; isso porque a própria natureza nos deu, sem palavras, uma inteligência mais clara que aquela que a arte nos confere por meio de nossos explicações.

Não é porque todos os homens tenham a mesma ideia da essência das coisas que digo que é impossível e inútil definir.

De fato, por exemplo, o tempo é dessa espécie. Quem poderia defini-lo? E por que tentar, uma vez que todos os homens concebem o que se quer dizer ao falar de tempo, sem que seja designado mais especificamente? Há, contudo, opiniões bem distintas no tocante à essência do tempo. Uns dizem que é o movimento de uma coisa criada; outros, a medida do movimento, etc. Por isso, não é a natureza dessas coisas que digo que é conhecida de todos: é tão simplesmente a relação entre o nome e a coisa, de modo que, ao dizer o vocábulo *tempo*, todos dirigem seu pensamento para o mesmo objeto, o que basta para fazer com que esse termo não necessite ser definido, embora em seguida, ao examinar o que é o tempo, se chegue a mudar de opinião após se ter posto a pensar nele; de fato, as definições são feitas unicamente para designar as coisas que são denominadas e não para mostrar a natureza delas.

Não é que não seja permitido designar com o nome de tempo o movimento de uma coisa criada, pois, como disse há pouco, nada é mais livre que as definições.

Mas, em decorrência dessa definição, haverá duas coisas que serão denominadas tempo: uma é a que todos entendem naturalmente com esta palavra e que todos aqueles que falam nossa língua designam com este termo; a outra será o movimento de uma coisa criada, pois será chamada também por este designativo, segundo essa nova definição.

Será necessário, portanto, evitar os equívocos e não confundir as consequências. De fato, disso não se segue que a coisa que naturalmente se entende com a palavra tempo seja efetivamente o movimento de uma coisa criada. Houve liberdade em denominar essas duas coisas da mesma forma, mas não subsistirá essa liberdade para fazê-las concordar tão bem de natureza como de denominação.

Assim, ao afirmar que "o tempo é o movimento de uma coisa

criada", é preciso perguntar o que se entende pela palavra tempo, isto é, se lhe é conferido o sentido usual e admitido por todos ou se é despojado desse sentido para lhe conferir nesse momento aquele de movimento de uma coisa criada. Se for destituído de qualquer outro sentido, não se pode contradizer e se configurará como uma definição livre, em decorrência da qual, como já disse, haverá duas coisas que terão este mesmo nome. Mas se lhe for deixado seu sentido usual e se pretenda, contudo, que o que se entende por essa palavra seja o movimento de uma coisa criada, pode-se contradizer. Não é mais uma definição livre, é uma proposição que deve ser provada, a não ser que seja totalmente evidente por si mesma; e então será um princípio e um axioma, mas jamais uma definição, porque nessa enunciação não se entende que a palavra tempo signifique a mesma coisa que estes, ou seja, o movimento de uma coisa criada, mas se entende que aquilo que se concebe pelo termo tempo seja esse movimento suposto.

Se eu não soubesse quanto é necessário entender isso perfeitamente e como ocorrem a todo momento, nos discursos familiares e nos discursos de ciência, semelhantes ocasiões a essa que apresentei como exemplo, não me teria detido sobre isso. Mas me parece, pela experiência que tenho da confusão das discussões, que não se pode entrar nesse espírito de clareza, para o qual elaboro todo este tratado, mais pelo tema que nele trato.

De fato, quantas pessoas há que acreditam ter definido o tempo ao terem dito que é a medida do movimento, deixando-lhe, contudo, seu sentido usual! E, no entanto, fizeram uma proposição e não uma definição. De igual modo, quantas há que acreditam ter definido o movimento ao terem dito: *Motus nec simpliciter actus nec mera potentia est, sed actus entis in potentia*[3]. Entretanto, se deixarem à palavra movimento seu sentido usual como fazem, não é uma definição, mas uma proposição; e confundido assim as definições que chamam definições de nome, que são as verdadeiras definições livres, permitidas e geométricas, com aqueles que chamam definições de coisa, que são propriamente proposições de modo algum livres, mas sujeitas à contradição, eles se concedem igualmente a liberdade de formular outras; e cada um definindo as mesmas coisas à sua maneira, por uma liberdade que é tão proibida nessas espécies de definições como

---
(3) Definição latina extraída de *Física* (III, 1) do filósofo grego Aristóteles (384-322 a.C.) e que significa: "O movimento não é nem simplesmente o ato nem a pura potência, mas o ato do ser em potência" (NT).

é permitida nas primeiras, eles acabam embaralhando todas as coisas e, perdendo toda ordem e toda luz, acabam se perdendo eles próprios e se envolvendo em embaraços inexplicáveis.

Nunca se cairá nisso seguindo a ordem da geometria. Essa judiciosa ciência evita de qualquer forma definir essas palavras primitivas como espaço, tempo, movimento, igualdade, maioria, diminuição, tudo, e as outras que o mundo entende por si. Mas, exceto essas, os demais termos que ela emprega são de tal modo nela esclarecidos e definidos que não se tem necessidade de dicionário para entender qualquer um, de modo que, numa palavra, todos esses termos são perfeitamente inteligíveis pela luz natural ou pelas definições que ela dá.

Essa é a maneira pela qual a geometria evita todos os vícios que podem ser encontrados no primeiro ponto, que consiste em definir unicamente as coisas que for necessário definir. Ela age da mesma forma a respeito do outro ponto, que consiste em provar as proposições que não são evidentes.

De fato, quando tiver chegado às primeiras verdades, ela se detém e pede para que sejam admitidas, não tendo nada de mais claro para prová-las, de modo que tudo o que a geometria propõe está perfeitamente demonstrado pela luz natural ou pelas provas.

Disso decorre que, se essa ciência não define e não demonstra todas as coisas, é unicamente porque isso nos é impossível. Mas como a natureza fornece tudo o que esta ciência não dá, na verdade sua ordem não dá uma perfeição mais que humana, mas essa ordem tem toda a perfeição à qual os homens podem chegar. Pareceu-me oportuno dar, desde o início deste discurso, esta...[4]

Talvez se possa achar estranho que a geometria não possa definir nenhuma das coisas que tem como principais objetos, pois não pode definir nem o movimento nem os números nem o espaço; entretanto, essas três coisas são aquelas que ela considera particularmente e de acordo com cujas pesquisas assume estes três diferentes nomes: mecânica, aritmética, geometria, pertencendo esta última palavra ao gênero e à espécie.

Mas não ficaríamos surpresos se observarmos que esta admirável ciência, ao se apegar unicamente às coisas mais simples, essa mesma qualidade que as torna dignas de ser seus objetos, as torna incapazes

---

[4] Texto incompleto no original do escritor (NT).

de ser definidas, de modo que a falta de definição é antes uma perfeição que um defeito, porquanto não decorre de sua obscuridade, mas pelo contrário de sua extrema evidência, que é tamanha que, ainda que não tenha a convicção das demonstrações, tem toda a certeza a respeito. Supõe, portanto, que se saiba qual a coisa que se entende por estas palavras: movimento, número, espaço; e, sem se deter em defini-las, penetra em sua natureza e descobre suas maravilhosas propriedades.

Essas três coisas, que compreendem todo o universo, segundo estas palavras: *Deus fecit omnia in pondere, in numero et mensura*[5], possuem uma ligação recíproca e necessária. De fato, não se pode imaginar movimento sem alguma coisa que se mova; e essa coisa sendo una, essa unidade é a origem de todos os números; finalmente, o movimento não podendo existir sem espaço, temos essas três coisas encerradas na primeira.

O próprio tempo está também ali incluído, pois o movimento e o tempo são relativos um a outro, uma vez que a rapidez e a lentidão, que são as diferenças dos movimentos, têm uma relação necessária com o tempo.

Assim, há propriedades comuns a todas essas coisas, cujo conhecimento abre o espírito às maiores maravilhas da natureza.

A principal compreende as duas infinidades que se encontram em todas: uma de grandeza e a outra, de pequenez.

Com efeito, por mais rápido que seja um movimento, pode-se conceber um que o seja mais ainda e outro mais rápido ainda que este último; e assim sempre até o infinito, sem jamais chegar a um que seja de tal forma rápido que não possa ser superado por outro. E, ao contrário, por mais lento que seja um movimento, pode-se retardá-lo ainda mais e mais ainda este último; e assim até o infinito, sem jamais chegar a tal grau de lentidão que não se possa descer a uma infinidade de outros sem cair no repouso total.

De igual modo, por maior que seja um número, pode-se conceber um maior e ainda outro que ultrapasse o último; e assim até o infinito, sem jamais chegar a um que não possa ser aumentado. E, ao contrário, por menor que seja um número, como a centésima ou a décima milésima parte, pode-se conceber um menor e sempre até o infinito, sem chegar ao zero ou ao nada.

---

(5) Frase bíblica extraída do Livro da Sabedoria (XI, 21) e que significa: "Deus fez todas as coisas segundo o peso, o número e a medida" (NT).

Do mesmo modo, por maior que seja um espaço, pode-se conceber um maior ainda e mais um que o seja ainda mais; e assim até o infinito, sem jamais chegar a um que não possa mais ser aumentado. E, ao contrário, por menor que seja um espaço, pode-se ainda considerar um menor e sempre até o infinito, sem jamais chegar a um indivisível que não tenha mais nenhuma extensão.

Ocorre o mesmo com o tempo. Pode-se sempre conceber um maior, sem um último e um menor, sem chegar jamais a um instante e a um puro nada de duração.

Numa palavra, isso quer dizer que por maior que seja o movimento, o número, o espaço, o tempo, sempre há um maior e um menor, de modo que todos eles se sustentam entre o nada e o infinito, estando sempre infinitamente distantes dessas extremidades.

Todas estas verdades não podem ser demonstradas e, no entanto, são os fundamentos e os princípios da geometria. Mas como a causa que os torna impossíveis de demonstração não é sua obscuridade, mas, pelo contrário, sua extrema evidência, essa falta de prova não é um defeito, mas antes uma perfeição.

Disso se constata que a geometria não pode definir os objetos nem provar os princípios, mas que, por esse único e vantajoso motivo de subsistirem uns e outros numa extrema clareza natural, convence a razão mais poderosamente que o discurso.

De fato, que há de mais evidente que essa verdade que um número, qualquer que seja, pode ser aumentado? Não se pode duplicá-lo? Que a rapidez de um movimento pode ser dobrado e que um espaço pode ser do mesmo modo duplicado?

E quem pode duvidar também que um número, qualquer que seja, não possa ser dividido pela metade e sua metade mais uma vez pela metade? Essa metade seria, pois, um nada? E como essas duas metades, que poderiam ser dois zeros, comporiam um número?

De igual modo, um movimento, por mais lento que seja, não pode ser reduzido pela metade, de modo que percorra o mesmo espaço no dobro do tempo e este último movimento da mesma forma? Seria, pois, um puro repouso? E como poderia ocorrer que essas duas metades de rapidez, que seriam dois repousos, pudessem compor a primeira rapidez?

Assim, um espaço, por menor que seja, não pode ser dividido em dois e essas metades ainda? E como se poderia fazer com que essas metades fossem indivisíveis, sem nenhuma extensão, elas que, juntas, compuseram a primeira extensão?

Não há conhecimento natural no homem que preceda essas verdades e que as ultrapasse em clareza. Entretanto, a fim de que há exemplo de tudo, encontram-se espíritos que, excelentes em todas as outras coisas, ficam chocados com essas infinidades e que não conseguem sob hipótese alguma concordar com isso.

Jamais conheci alguém que tenha pensado que um espaço não possa ser aumentado. Mas vi alguns, muito hábeis aliás, que asseguraram que um espaço podia ser dividido em duas partes indivisíveis, por mais absurdo que isso possa parecer.

Tentei procurar neles qual podia ser a causa dessa obscuridade e achei que não havia senão uma principal, ou seja, que eles não podiam conceber um conteúdo divisível ao infinito: disso concluem que não é divisível.

É uma doença natural do homem julgar que ele possui a verdade diretamente; e disso decorre o fato de estar sempre disposto a negar tudo o que lhe é incompreensível, ao passo que, com efeito, não só conhece naturalmente a mentira e que deve admitir por verdadeiras somente as coisas cujo contrário parece falso.

É por isso que todas as vezes que uma proposição é inconcebível é necessário suspender seu julgamento e não negá-la a esse sinal, mas examinar seu oposto; e se for achado manifestamente falso, pode-se ousadamente afirmar a primeira, por mais incompreensível que seja. Apliquemos esta regra a nosso tema.

Não há geômetra que não creia que o espaço é divisível ao infinito. Não se pode tampouco sê-lo sem esse princípio como não se pode ser homem sem alma. E, no entanto, não há entre os geômetras quem compreenda uma divisão infinita; e não há como assegurar-se dessa verdade senão por esta única razão, mas que é certamente suficiente, ou seja, compreender perfeitamente que é falso que, ao dividir um espaço, se possa chegar a uma parte indivisível, isto é, que não tenha nenhuma extensão.

De fato, que há de mais absurdo do que pretender que, ao dividir sempre um espaço, se chegue finalmente a uma divisão tal que, ao dividi-la em dois, cada uma das metades fique indivisível e sem nenhuma extensão, e que assim esses dois nadas de extensão formassem juntos uma extensão? Na verdade, gostaria de perguntar àqueles que têm esta ideia se concebem nitidamente que dois indivisíveis se tocam: se for em toda parte, não passam de uma só e mesma coisa e, portanto, os dois juntos são indivisíveis; se não for em toda parte, então não é senão uma parte: portanto, eles têm partes, logo, não são indivisíveis.

Se confessarem, como de fato o fazem quando pressionados, que sua proposição é tão inconcebível como a outra, que reconheçam que não é por nossa capacidade de conceber essas coisas que devemos julgar sua verdade, porquanto esses dois opostos, sendo ambos inconcebíveis, é necessariamente certo, contudo, que um dos dois é verdadeiro.

Mas se a essas dificuldades quiméricas e que não têm proporção a não ser com nossa fraqueza, eles opuserem estas clarezas naturais e estas verdades sólidas: se fosse verdadeiro que o espaço fosse composto de certo número finito de indivisíveis, seguir-se-ia que dois espaços, cada um deles quadrado, isto é, igual e semelhante de todos os lados, sendo um o dobro do outro, um deles conteria o número desses indivisíveis em dobro do número dos indivisíveis do outro. Que retenham bem esta consequência e que se exercitem em seguida a enfileirar pontos em quadrados até que tenham encontrado dois em que um tenha o dobro dos pontos do outro e então eu lhes entregaria toda espécie de geômetras que há no mundo. Mas se a coisa é naturalmente impossível, isto é, se houver impossibilidade invencível em enfileirar quadrados de pontos, em que um tenha o dobro do outro, como eu o demonstraria nesse local, mesmo que a coisa merecesse que nos detivéssemos, que eles tirem a consequência disso.

E para aliviá-los das dificuldades que teriam em certas situações, como em conceber que um espaço tenha uma infinidade de divisíveis, visto que são percorridos em tão pouco tempo, durante o qual se teria percorrido essa infinidade de divisíveis, é necessário adverti-los que não devem comparar coisas tão desproporcionais como é a infinidade dos divisíveis com o pouco tempo em que são percorridos; mas que comparem o espaço inteiro com o tempo inteiro e os infinitos divisíveis do espaço com os infinitos instantes desse tempo; e assim descobrirão que se percorre uma infinidade de divisíveis numa infinidade de instantes e um pequeno espaço em pouco tempo; com isso, não encontrarão mais a desproporção que os havia deixado surpresos.

Finalmente, se acharem estranho que um pequeno espaço tenha tantas partes como um grande, que entendam também que são menos em proporção e que olhem o firmamento através de um pequeno vidro para se familiarizar com esse conhecimento, vendo cada parte do céu em cada parte do vidro.

Mas se não puderem compreender que partes tão pequenos, que nos são imperceptíveis, possam ser tão divisíveis como o firmamento, não há melhor remédio do que lhes fazer olhar com lentes que aumentam essa ponta delicada até uma prodigiosa massa; com isso poderão facilmente conceber que, com o auxílio de outro vidro muito mais artisticamente trabalhado, se poderia aumentá-las até igualar esse firmamento, do qual admiram a extensão. E assim esses objetos, parecendo-lhes agora muito facilmente divisíveis, que se lembrem que a natureza pode infinitamente mais que a arte.

Finalmente, na verdade, quem os assegurou que essas lentes teriam mudado o tamanho natural desses objetos ou se teriam, pelo contrário, restabelecido o verdadeiro, que a figura de nosso olho tinha mudado e diminuído, como fazem as lentes que diminuem?

É triste deter-se nessas bagatelas, mas há ocasiões também para se divertir com ninharias.

É suficiente dizer a espíritos esclarecidos nessa matéria que dois nadas de extensão não podem fazer uma extensão. Mas como há aqueles que pretendem se furtar a essa luz por esta maravilhosa resposta, que dois nadas de extensão podem também compor uma extensão como duas unidades em que nenhuma é número perfazem um número por sua junção, deve-se replicar a eles que poderiam opor, da mesma forma, que vinte mil homens formam um exercito, embora nenhum deles seja exercito; que mil casas formam uma cidade, embora nenhuma delas seja cidade; ou que as partes fazem o todo, embora nenhuma delas seja o todo ou, para permanecer na comparação dos números, que dois binários formam o quaternário e que dez dezenas formam uma centenas, embora nenhum deles o seja.

Mas não é ter o espírito justo confundir por meio de comparações tão desiguais a natureza imutável das coisas com seus nomes livres e voluntários, e dependendo do capricho dos homens que os inventaram. De fato, é claro que, para facilitar o discurso, foi dado o nome de exercito a vinte mil homens, o de cidade a muitas casas reunidas, o de dezena a dez unidades, e que dessa liberdade surgem os nomes de unidade, binário, quaternário, dezena, centena, diferentes por nossas fantasias, embora essas coisas sejam de fato do mesmo gênero por sua natureza invariável e sejam todas proporcionais entre si e não difiram senão pelo mais ou pelo menos, e embora, em consequência desses nomes, o binário não seja quaternário, nem uma casa seja uma cidade, tampouco uma cidade não seja uma casa. Mais ainda, embora uma casa não seja uma cidade, ela não é, contudo, um nada de cidade; há muita diferença entre não ser uma coisa e ser um nada.

De fato, a fim de entender a coisa a fundo, é necessário saber que a única razão pela qual a unidade não está incluída entre os números é que Euclides[6] e os primeiros autores que trataram da aritmética, tendo várias propriedades a conferir que convinham a todos os números exceto à unidade, para evitar dizer seguidamente que em todo número, exceto na unidade, tal condição se encontra, excluíram a unidade da significação da palavra número pela liberdade, como já assinalei, que se tem de agir à vontade em questão de definições. Por isso, se eles tivessem querido, teriam até mesmo excluído o binário e o ternário e tudo o que lhes pudesse agradar, pois cada um é senhor de fazê-lo, contanto que advirta a respeito, como pelo contrário, a unidade é incluída, quando se quiser, entre os números, o mesmo ocorrendo com as frações.

E, com efeito, a gente se sente obrigado a fazê-lo nas proposições gerais, para não ter de dizer cada vez "em todos os números, bem como na unidade e nas frações, encontra-se tal propriedade"; e é nesse sentido indefinido que a tomei em tudo o que escrevi a respeito.

Mas o mesmo Euclides, que tirou da unidade o nome de número, o que lhe foi permitido para dar a entender, contudo, que ela não é um nada, mas que, pelo contrário, é do mesmo gênero, define assim as grandezas homogêneas: "As grandezas são ditas do mesmo gênero quando uma, multiplicada várias vezes, pode chegar a ultrapassar a outra." E por conseguinte, uma vez que a unidade pode, sendo multiplicada várias vezes, ultrapassar qualquer número que seja, é do mesmo gênero dos números precisamente por sua essência e por sua natureza imutável, no sentido do próprio Euclides que quis que não fosse chamada número.

Não ocorre o mesmo com um indivisível com relação a uma extensão, pois, não somente difere pelo nome, o que é voluntário, mas difere de gênero pela própria definição, porquanto um indivisível multiplicado tantas vezes quanto se quiser está tão longe de poder

---

(6) Euclides (séc. III a.C.), matemático grego, cuja obra principal se intitula *Elementos de Geometria* (NT).

ultrapassar uma extensão que nunca pode formar senão um só e único indivisível, o que é natural e necessário, como já foi demonstrado. E como esta última prova está baseada na definição dessas duas coisas, indivisível e extensão, vamos completar e consumar a demonstração.

Um indivisível é aquilo que não tem nenhuma parte e a extensão é aquilo que possui diversas partes separadas.

Sobre estas definições, afirmo que dois indivisíveis, estando unidos, não formam uma extensão.

De fato, quando estão unidos, cada um se toca numa parte e assim as partes em que se tocam não estão separadas, porquanto, de outra forma, não se tocariam. Ora, por sua definição, eles não têm outras partes; portanto, não têm partes separadas; logo, não são uma extensão, pela própria definição de extensão que requer a separação das partes.

Poder-se-á mostrar a mesma coisa de todos os outros indivisíveis que forem acrescentados, pela mesma razão. Portanto, um indivisível, multiplicado quantas vezes se quiser, nunca chegará a compor uma extensão. Logo, não é do mesmo gênero da extensão, pela definição das coisas de mesmo gênero.

Aí está como se demonstra que os indivisíveis não são do mesmo gênero que os números. Disso decorre que duas unidades podem muito bem compor um número, porque elas são do mesmo gênero; e que dois indivisíveis não compõem uma extensão, porque não são do mesmo gênero.

Com isso se constata como há pouca razão em comparar a relação que existe entre a unidade e os números com aquela que existe entre os indivisíveis e a extensão.

Mas se acaso se quiser tomar nos números uma comparação que represente com justeza o que consideramos na extensão, é necessário que seja a relação do zero com os números, pois o zero não é do mesmo gênero dos números, porquanto, sendo multiplicado, não pode ultrapassá-los, de modo que é um verdadeiro indivisível de número, como o indivisível é um verdadeiro zero de extensão. Outro semelhante será encontrado entre o repouso e o movimento e entre um instante e o tempo, pois todas essas coisas são heterogêneas a suas grandezas, porque sendo infinitamente multiplicadas não podem jamais fazer senão indivisíveis bem como indivisíveis só podem fazer extensão e pela mesma razão. E então se encontrará uma correspondência perfeita entre essas coisas, pois todas essas grandezas são divisíveis ao infinito sem cair em seus indivisíveis, de modo que todas elas mantêm o meio-termo entre o infinito e o nada.

Aí está a admirável relação que a natureza colocou entre essas coisas e as duas maravilhosas infinidades que propôs aos homens, não para conceber, mas para admirar. E para terminar a consideração por uma última observação, acrescentaria que esses dois infinitos, embora infinitamente diferentes, são no entanto relativos um ao outro, de tal modo que o conhecimento de um leva necessariamente ao conhecimento do outro.

De fato, nos números, pelo fato de poderem ser sempre aumentados, segue-se de modo absoluto que podem sempre ser diminuídos, e isso claramente, pois se se pode multiplicar um número até 100.000, por exemplo, pode-se também tomar uma centésima milésima parte dele, dividindo-o pelo mesmo número com que é multiplicado e assim todo termo de aumento se tornará termo de divisão, mudando o inteiro em fração. Desse modo, o aumento infinito encerra necessariamente também a divisão infinita.

E no espaço a mesma relação é vista entre esses dois infinitos contrários; quer dizer que, pelo fato de um espaço poder ser infinitamente prolongado, segue-se que pode ser infinitamente diminuído, como aparece neste exemplo: se se olhar através de uma lente um navio que se afasta sempre diretamente, é claro que o local do diáfano onde se observa um ponto tal que se quisesse do navio subirá sempre por um fluxo contínuo, à medida que o navio se distancia. Portanto, se o curso do navio for sempre alongado e até o infinito, esse ponto subirá continuamente; entretanto, nunca chegará àquele em que cair o raio horizontal levado pelo olho colado à lente, de modo que se aproximará sempre sem nunca chegar a esse ponto, dividindo sem cessar o espaço que restar sob esse ponto horizontal, sem nunca chegar a ele. Com isso se constata a consequência necessária que se tira da infinidade da extensão do curso do navio à divisão infinita e infinitamente pequena desse pequeno espaço que resta abaixo desse ponto do horizonte.

Aqueles que não estiverem satisfeitos com essas razões e que permaneceram na crença de que o espaço não é divisível ao infinito, nada podem pretender das demonstrações geométricas; e embora possam ser esclarecidos em outras coisas, serão muito pouco nestas, pois se pode facilmente ser homem muito hábil e mau geômetra.

Mas aqueles que virem claramente essas verdades poderão admirar a grandeza e o poder da natureza nessa dupla infinidade que nos cerca por todos os lados e aprender, com essa consideração maravilhosa, a se conhecer a si próprios, ao se observarem estar colocados entre uma infinidade e um nada de extensão, entre uma infinidade e um nada de número, entre uma infinidade e um nada de movimento, entre uma infinidade e um nada de tempo. Com isso se pode aprender a se estimar no justo valor e formar reflexões que valem muito mais que todo o resto da geometria.

Julguei ser obrigado a tecer esta longa consideração em favor daqueles que, não compreendendo desde logo essa dupla infinidade, são suscetíveis de serem persuadidos a respeito. E embora haja muitos que têm suficiente luz para se despreocupar com isso, pode ocorrer, contudo, que este discurso, que será necessário para uns, não seja inteiramente inútil para outros.

SEÇÃO II

DA ARTE DE PERSUADIR

A arte de persuadir tem uma relação necessária com a maneira pela qual os homens consentem naquilo que se lhes propõe e com as condições das coisas que se quer fazer crer.

Ninguém ignora que há duas entradas pelas quais as opiniões são admitidas na alma, que são suas duas principais potências, o entendimento e a vontade. A mais natural é a do entendimento, pois nunca se deveria consentir senão nas verdades demonstradas, mas a mais usual, embora contra a natureza, é a da vontade, pois todos os homens são quase sempre levados a crer não pela prova, mas pelo agrado.

Essa via é baixa, indigna e estranha: por isso todos a desaprovam. Todos fazem profissão de só acreditar e mesmo de só amar o que sabem merecê-lo.

Não falo aqui das verdades divinas, que eu não teria coragem de incluí-las na arte de persuadir, pois elas estão infinitamente acima da natureza; somente Deus pode colocá-las na alma e sob a forma que lhe agradar.

Sei que ele quis que elas entrassem do coração para o espírito e não do espírito para o coração, para humilhar essa soberba potência do raciocínio que pretende ser juiz das coisas que a vontade escolhe e para curar essa vontade enferma que se corrompeu totalmente por seus apegos imundos. Disso provém que, ao falar de coisas humanas, se diz que é preciso conhecê-las antes de amá-las, o que acabou se fixando em provérbio; os santos, pelo contrário, dizem, ao falar das coisas divinas, que é preciso amá-las para conhecê-las e que não se entra na verdade senão pela caridade; desse pensamento fizeram uma de suas mais úteis máximas.

Parece que com isso Deus estabeleceu essa ordem sobrenatural e totalmente contrária à ordem que devia ser natural aos homens nas coisas naturais. Eles, no entanto, corromperam essa ordem fazendo coisas profanas quando deviam fazer coisas santas, porque, com efeito, nós quase só acreditamos naquilo que nos agrada. Disso provém o afastamento em que ficamos de consentir nas verdades da religião cristã, totalmente oposta a nossos prazeres. "Diga-nos coisas agradáveis e nós o escutaremos", diziam os judeus a Moisés, como se o agrado devesse regular a crença! E é para punir essa desordem por meio de uma ordem que lhe seja conforme que Deus só derrama suas luzes nos espíritos após ter domado a rebelião da vontade por uma doçura toda celestial que a encanta e a arrasta.

Não falo, portanto, senão das verdades a nosso alcance e é delas que afirmo que o espírito e o coração são como as portas por onde são admitidas na alma, mas que muito poucas entram pelo espírito, ao passo que elas são introduzidas nele em massa pelos caprichos temerários da vontade, sem o conselho do raciocínio.

Essas potências têm, cada uma delas, seus princípios e os primeiros motores de suas ações.

Aqueles do espírito são verdades naturais e conhecidas de todos, como o todo é maior que sua parte, além de vários axiomas particulares que alguns admitem e outros não, mas que, desde que admitidos, são tão poderosos, ainda que falsos, para vencer a crença, como os mais verdadeiros.

Aqueles da vontade são certos desejos naturais e comuns a todos os homens, como o desejo de ser feliz, que ninguém pode não ter, além de vários objetos particulares que cada segue para chegar a isso e que, tendo a força de nos agradar, são tão fortes, ainda que perniciosos de fato, para impelir a vontade a agir, como se realizassem sua verdadeira felicidade.

Com relação às potências que nos levam a consentir, é o que basta.

Mas quanto às qualidades das coisas com que devemos persuadir, são bem diversas.

Umas são tiradas, por uma consequência necessária, dos princípios comuns e das verdades confessadas. Estas podem ser infalivelmente passíveis de persuasão, pois, ao mostrar a relação que possuem com os princípios admitidos, há uma necessidade inevitável de convencer.

E é impossível que não sejam admitidas na alma, uma vez que se tenha podido juntá-las a essas verdades que a própria alma já admitiu.

Há aquelas que possuem uma estreita união com os objetos de nossa satisfação e estas são também admitidas com certeza, pois, tão logo se possa levar a alma a perceber que uma coisa pode conduzi-la ao que ela ama soberanamente, é inevitável que ela se disponha a isso com alegria.

Mas aquelas que têm essa ligação simultaneamente tanto com as verdades confessadas como com os desejos do coração, são tão seguras de seu efeito, que não há nada que o seja mais na natureza.

Como, pelo contrário, o que não tem relação nem com nossas crenças nem com nossos prazeres, nos é importuno, falso e absolutamente estranho.

Em todas essas situações, nada há a duvidar. Mas há aquelas em que as coisas que se quer fazer crer são bem estabelecidas em verdades conhecidas, mas ao mesmo tempo são contrárias aos prazeres que mais nos tocam. E estas são difíceis de fazer notar, por uma experiência até por demais usual, como dizia no começo, isto é, que essa alma imperiosa, que se vangloriava de só agir pela razão, segue, por uma escolha vergonhosa e temerária, o que uma vontade corrompida deseja, por maior que seja a resistência que o espírito muito esclarecido possa opor a ela.

É então que ocorre uma oscilação duvidosa entre a verdade e a voluptuosidade e que o conhecimento de uma e o sentimento de outra travam um combate cujo êxito é bem incerto, porquanto seria necessário, para julgar a respeito, conhecer tudo o que se passa no mais íntimo do homem, que o próprio homem quase nunca conhece.

Parece, pois, como quer que seja que se pretenda persuadir, deve-se ter consideração pela pessoa a quem se quer persuadir; é necessário conhecer seu espírito e seu coração, quais princípios acata, de quais coisas gosta e, em seguida, observar, na coisa de que se trata, que relações tem com os princípios confessados ou com os objetos deliciosos pelos encantos que se lhe confere.

Desse modo, a arte de persuadir consiste tanto em agradar como em convencer, uma vez que os homens se governam mais pelos caprichos que pela razão!

Ora, desses dois métodos, um de convencer e outro de agradar, só darei aqui as regras do primeiro e ainda no caso em que se tenha acatado os princípios e que se permaneça firme em confessá-los, caso contrário, não sei se haveria uma arte para acomodar as provas à inconstância de nossos caprichos.

A maneira de agradar, porém, é incomparavelmente mais difícil, mais sutil e mais admirável; por isso, se não trato dela, é porque não tenho capacidade para tanto e me sinto de tal modo desconfortável, que acho a coisa absolutamente impossível.

Não é que eu não creia que haja regras tão seguras para agradar como para demonstrar e que quem pudesse perfeitamente conhecê-las e praticá-las não conseguisse fazer-se tão seguramente amar pelos reis e por todas as espécies de pessoas da mesma forma que demonstrar os elementos da geometria para aqueles que têm suficiente imaginação para compreender suas hipóteses.

Mas estimo, e talvez seja minha fraqueza que me leva a crer nisso, que é impossível chegar a isso. Pelo menos sei que, se alguém é capaz disso, pertence ao grupo de pessoas que conheço e que ninguém tem sobre isso tão claras e tão abundantes luzes.

A razão dessa extrema dificuldade decorre do fato de que os princípios do prazer não são firmes e estáveis. São diversos em todos os homens e variáveis em cada um em particular, com tal diversidade que não há homem mais diferente de outro do que de si mesmo nas diversas circunstâncias. Um homem tem prazeres diferentes daqueles da mulher; um rico e um pobre os têm diferentes; um príncipe, um guerreiro, um mercador, um burguês, um camponês, os velhos, os jovens, os sadios, os doentes, todos variam; os menores acidentes os modificam.

Ora, há uma arte, e é aquela que dou, para fazer ver a ligação das verdades com seus princípios, seja na verdade, seja no prazer, contanto que os princípios que uma vez se confessou permaneçam firmes e sem jamais serem desmentidos.

Mas como há poucos princípios dessa espécie e que, fora da geometria, que só considera linhas muito simples, não há quase verdades sobre as quais permanecemos sempre de acordo e ainda menos objetos de prazer sobre os quais não mudemos a todo momento, não sei se há meio de dar regras firmes para concordar o discurso com a inconstância de nossos caprichos.

Essa arte, que designo a arte de persuadir e que propriamente não é senão a condução das provas metódicas perfeitas, consiste em três partes essenciais: definir os termos de que se deve servir-se por definições claras; propor princípios ou axiomas evidentes para provar a coisa de que se trata; e substituir sempre mentalmente na demonstração as definições em lugar dos definidos.

E a razão desse método é evidente, uma vez que seria inútil propor o que se quer provar e empreender sua demonstração, se não se tiver antes definido claramente todos os termos que não são inteligíveis; e que é necessário igualmente que a demonstração seja precedida da requisição dos princípios evidentes que são necessários, pois, se não se assegurar o fundamento, não se pode assegurar o edifício; e que é necessário, finalmente, ao demonstrar, substituir mentalmente as definições em lugar dos definidos, uma vez que de outra forma se poderia abusar dos diversos sentidos que se encontram nos termos. É fácil ver que, ao observar este método, se está seguro de convencer, porquanto, desde que todos os termos sejam entendidos e perfeitamente isentos de equívocos pelas definições e os princípios sejam concordados, se na demonstração se substituir sempre mentalmente as definições em lugar dos definidos, a força invencível das consequências não pode deixar de ter todo o seu efeito.

Por isso, jamais uma demonstração, na qual essas circunstâncias são guardadas, pôde estar sujeita à menor dúvida; e jamais aquelas em que faltam podem ter efeito de força.

Cumpre, portanto, compreendê-las e possuí-las muito bem e é por isso que, para tornar a coisa mais fácil e mais presente, as darei todas nessas poucas regras que encerram tudo o que é necessário para a perfeição das definições, dos axiomas e das demonstrações e, por conseguinte, do método inteiro das provas geométricas da arte de persuadir.

Regras para as definições:

1. Não tentar definir nenhuma das coisas de tal modo conhecidas por si, que não se tenha termos mais claros para explicá-las.
2. Não admitir nenhum dos termos um pouco obscuros ou equívocos, sem definição.
3. Não empregar na definição termos senão palavras perfeitamente conhecidas ou já explicadas.

Regras para os axiomas:

1. Não admitir nenhum dos princípios necessários sem ter perguntado se todos concordam, por mais claro e evidente que possa ser.
2. Não perguntar em axiomas senão coisas perfeitamente evidentes por si próprias.

Regras para as demonstrações:

1. Não tentar demonstrar nenhuma das coisas que são de tal modo evidentes por si que não se tenha nada de mais claro para prová-las.
2. Provar todas as proposições um pouco obscuras e só empregar para sua prova axiomas muito evidentes ou proposições já acatadas ou demonstradas.
3. Substituir sempre mentalmente as definições em lugar dos definidos, para não se enganar pelo equívoco dos termos que as definições restringiram.

Essas são as oito regras que contêm todos os preceitos das provas sólidas e imutáveis. Entre elas há três que não são absolutamente necessárias e que podem ser negligenciadas sem erro; de resto, é mesmo difícil e quase impossível observá-las sempre exatamente, embora seja mais perfeito fazê-lo tanto quanto possível; são as três de cada uma das partes:

Para as definições: Não definir nenhum dos termos perfeitamente conhecidos.

Para os axiomas: Não admitir questionar nenhum dos axiomas perfeitamente evidentes e simples.

Para as demonstrações: Não demonstrar nenhuma das coisas muito conhecidas por si próprias.

De fato, sem dúvida não constitui grande falta definir e explicar bem claramente coisas, embora muito claras por si mesmas, nem admitir requerer de antemão axiomas que não podem ser recusados no local em que são necessários, nem finalmente provar proposições aceitas sem prova.

Mas as cinco outras regras são de necessidade absoluta e não se pode dispensá-las sem incorrer numa falta essencial e muitas vezes sem erro; e é por isso que vou retomá-las aqui em particular.

Regras necessárias para as definições:

Não admitir nenhum dos termos um pouco obscuros ou equívocos sem definição. Não empregar nas definições senão termos perfeitamente conhecidos ou já explicados.

Regras necessárias para os axiomas:

Só questionar em axiomas coisas perfeitamente evidentes.

Regras necessárias para as demonstrações:

Provar todas as proposições, não empregando para sua prova senão axiomas muito evidentes por si ou proposições já demonstradas ou acatadas. Nunca abusar do equívoco dos termos, deixando de substituir mentalmente as definições que os restringem ou os explicam.

Essas são as cinco regras que formam tudo o que há de necessário para tornar as provas convincentes, imutáveis e, para dizer tudo, geométricas; e as oito regras juntas as tornam ainda mais perfeitas.

Passo agora àquela ordem na qual se deve dispor as proposições, para ficar numa sequência excelente e geométrica...

Aqui está em que consiste essa arte de persuadir, a qual se encerra nestas duas regras: definir todos os nomes que são impostos; provar tudo, substituindo mentalmente as definições em lugar dos definidos.

Sobre isso, parece-me oportuno prevenir três objeções principais que poderiam ser feitas.

A primeira, que esse método não tem nada de novo.

A segunda, que é bem fácil de aprender, sem que seja necessário para isso estudar os elementos de geometria, porquanto consiste nessas duas palavras que já se sabe à primeira leitura.

E a última, que é bastante inútil, porquanto seu uso é reduzido quase unicamente às matérias geométricas.

Sobre isso é necessário, portanto, demonstrar que não há nada de tão desconhecido, nada de mais difícil a praticar e nada de mais útil e de mais universal.

Quanto à primeira objeção, que afirma que essas regras são comuns no mundo, que é preciso definir tudo e tudo provar e que os próprios lógicos as colocaram entre os preceitos de sua arte, gostaria que isso tudo fosse verdadeiro e fosse tão conhecido que eu não tivesse tido o trabalho de pesquisar com tanto cuidado a fonte de todos os defeitos de raciocínio que são verdadeiramente comuns. Mas isso tudo é tão pouco conhecido que, se forem excetuados somente os geômetras, que são em tão reduzido número que chegam a ser únicos em todo um povo e durante longo tempo, não se vê ninguém que também o saiba. Será fácil fazê-lo entender àqueles que tiverem compreendido perfeitamente o pouco que eu disse a respeito; mas, se não o tiverem concebido perfeitamente, confesso que não terão nada a aprender a respeito.

Mas se tiverem penetrado no espírito dessas regras e que elas tenham causado bastante impressão para se radicar e se afirmar neles, perceberão quanta diferença há entre o que é dito aqui e o que alguns lógicos talvez descreveram a respeito, mais ou menos ao acaso, em algumas passagens de suas obras.

Aqueles que possuem o espírito de discernimento sabem quanta diferença há entre duas palavras semelhantes, de acordo com os locais e as circunstâncias que as acompanham. Na verdade, se poderia crer que duas pessoas que leram e decoraram o mesmo livro o saibam igualmente, se um deles o compreende de forma que saiba todos os seus princípios, a força das consequências, as respostas às objeções que possam ser feitas e toda a economia da obra, ao passo que no outro essas sejam palavras mortas e sementes que, embora semelhantes àquelas que produziram árvores tão férteis, permaneceram secas e infrutíferas no espírito estéril que as recebeu em vão?

Todos aqueles que dizem as mesmas coisas não as possuem da

mesma forma e é por isso que o incomparável autor de *A arte de conferir*⁽⁷⁾ se detém com tanto cuidado para dar a entender que não se deve julgar a capacidade de um homem pela excelência de uma palavra adequada que se ouve dele; mas, em vez de estender a admiração de um belo discurso à pessoa, que se penetre, continua esse autor, o espírito de onde vem, que se verifique se o extrai de sua memória ou de um feliz acaso, que seja recebido com frieza ou com desprezo, a fim de ver se ele vai sentir que não se dá ao que diz a estima que seu valor merece; na maioria das vezes se verá que não se chega a desacreditá-lo imediatamente e que se chega a levá-lo bem longe desse pensamento mais do que ele pensa, para impeli-lo em direção a outro totalmente indigno e ridículo. Deve-se, portanto, sondar como esse pensamento está alojado em seu autor; como, de onde, até onde o possui; caso contrário, o julgamento precipitado será considerado temerário.

Gostaria de perguntar a pessoas sensatas se este princípio "A matéria está numa incapacidade natural e invencível de pensar" e este "Penso, logo existo", são de fato os mesmos no espírito de Descartes⁽⁸⁾ e no espírito de santo Agostinho ⁽⁹⁾, que disse a mesma coisa mil e duzentos anos antes.

Na verdade, estou longe de dizer que Descartes não seja o verdadeiro autor deste princípio, mesmo que só o tivesse aprendido na leitura desse grande santo, pois sei quanta diferença há entre escrever uma palavra ao acaso, sem uma reflexão mais delongada e mais extensa e perceber nessa palavra uma sequência de admirável de consequências que prova a distinção das naturezas material e espiritual, e fazer disso um princípio firme e sustentado por toda uma física, como Descartes tentou fazer. De fato, sem examinar se teve êxito eficazmente em sua pretensão, suponho que o tenha elaborado, e é nessa suposição que afirmo que essa palavra é tão diferente em seus escritos da mesma palavra nos outros que a disseram de passagem como um homem cheio de vida e de força é diferente de um homem morto.

Alguém dirá uma coisa provinda dele mesmo sem compreender sua excelência, enquanto outro compreenderá um sequência maravilhosa de consequências que nos leva a dizer ousadamente que não se trata

---

(7) L'Art de conférer de Michel Eyquem de Montaigne (1533-1592), pensador e escritor francês (NT).

(8) René Descartes (1596-1650), filósofo e matemático francês; duas obras dele, As paixões da alma e Discurso do método, já foram publicadas nesta coleção da Editora Escala (NT).

(9) Aurelius Augustinus, conhecido como santo Agostinho (354-430), filósofo e teólogo latino; uma de suas obras, Solilóquios, já foi publicada nesta coleção da Editora Escala (NT).

mais da mesma palavra e que não a deve tampouco àquele de quem a aprendeu, da mesma forma que uma árvore não pertenceria àquele que teria jogado sua semente, sem pensar e sem a conhecer, numa terra excelente que teria aproveitado da sorte para sua própria fertilidade.

Os mesmos pensamentos surgem às vezes de forma totalmente diversa em outro do que em seu autor: inférteis em seu terreno natural, abundantes quando transplantados.

Muito mais frequentemente, porém, acontece que um bom espírito faz produzir ele próprio a seus próprios pensamentos todo o fruto de que são capazes e que, em seguida, alguns outros, tendo ouvido serem elogiados, os tomam e deles se apoderam, mas sem conhecer sua excelência; e é nesse caso que a diferença de uma mesma palavra em bocas diversas mais aparece.

É dessa forma que a lógica talvez tomou emprestado as regras da geometria sem compreender sua força; e assim, dispondo-as ao acaso entre aquelas que lhe são próprias, não se segue com isso que os lógicos tenham entrado no espírito da geometria. Estou longe, se não derem outros sinais de o terem dito de passagem, de incluí-los como estudiosos dessa ciência que ensina o verdadeiro método de conduzir a razão.

Mas, pelo contrário, estaria bem disposto em excluí-los dela e quase sem retorno. De fato, por tê-lo dito de passagem, sem ter levado em consideração que tudo está encerrado ali e, em vez de seguir suas luzes, extraviar-se a perder de vista atrás de pesquisas inúteis, para seguir o que oferecem e que na realidade não podem dar, é verdadeiramente mostrar que não se tem quase clarividência e muito mais do que se se tivesse deixado de segui-las porque não se as havia percebido.

O método de não errar é procurado por todos. Os lógicos fazem profissão de chegar a isso, os geômetras são os únicos que chegam e, fora de sua ciência e daquilo que a imita, não há verdadeiras demonstrações. E toda a arte está nela encerrada nos únicos preceitos que acabamos de descrever: sozinhos bastam, sozinhos provam. Todas as outras regras são inúteis ou prejudiciais.

Aí está o que sei por uma longa experiência acumulada por meio de toda espécie de livros e de pessoas.

E sobre isso expresso o mesmo julgamento daqueles que dizem que os geômetras não lhes dão nada de novo por essas regras, porque na realidade eles as possuíam, mas confundidas no meio de uma multidão de outras inúteis ou falsas, das quais não podiam discerni-las, como aqueles que, procurando um diamante de grande preço entre um grande número de falsos, mas que não conseguiam distinguir, se vangloriassem, ao mantê-los todos juntos, de possuir o verdadeiro tanto quanto aquele que, sem se interessar por esse vil amontoado, leva a mão sobre a pedra preciosa que todos buscam e por causa da qual não se jogava fora todo o resto.

O defeito de um raciocínio falso é uma doença que se cura por meio desses dois remédios. Foi composto outro de uma infinidade de ervas inúteis em que as boas estão misturadas e permanecem sem efeito por causa da má qualidade dessa mistura.

Para descobrir todos os sofismas e todos os equívocos dos raciocínios capciosos, inventaram nomes bárbaros que espantam aqueles que os ouvem; e, ao passo que não se pode desembaraçar todas as sinuosidades desse nó tão embaraçado a não ser puxando uma das pontas que os geômetras fornecem, eles apontaram um número estranho de outras em que eles próprios estão incluídos, sem saber qual é a ponta boa.

E desse modo, mostrando-nos um número de caminhos diferentes, que dizem que nos conduzem para onde queremos, embora só haja dois que conduzam a isso, deve-se saber marcá-los de forma precisa; acreditam que a geometria, que os assinala de modo exato, não fornece senão o que os outros já possuíam, porque forneciam de fato a mesma coisa e até mais, sem levar em consideração que esse presente perdia seu valor por sua abundância e que, ao acrescentar, eles tiravam.

Nada é mais comum que as coisas boas. Basta discerni-las. E é certo que são todas naturais e a nosso alcance, e até mesmo conhecidas de todos. Mas não se sabe distingui-las. Isso é universal. Não é nas coisas extraordinárias e esquisitas que se encontra a excelência de qualquer gênero que seja. A gente se ergue para alcançá-las, mas a gente se afasta delas; na maioria das vezes é preciso se abaixar. Os melhores livros são aqueles que aqueles que os leem acreditam que teriam podido escrever. A natureza, que é a única boa, é totalmente familiar e comum.

Não tenho dúvidas, portanto, que essas regras, sendo verdadeiras, não devem ser simples, ingênuas, naturais como elas o são. Não são *barbara* e *baralipton*⁽¹⁰⁾ (10) que formam o raciocínio. Não é necessário enfatizar o espírito; as maneiras tensas e penosas o enchem de uma tola presunção por uma elevação estranha e por um orgulho vão e ridículo, em vez de um alimento sólido e vigoroso.

E uma das principais razões que afasta tanto aqueles que penetram nesses conhecimentos do verdadeiro caminho a ser seguido é a imaginação que antecipadamente têm de que as coisas boas são inacessíveis, conferindo-lhes designativos como grandes, altas, elevadas, sublimes. Isso deita tudo a perder. Gostaria de designá-las simples, comuns, familiares: estes designativos lhes cabem melhor. Odeio essas palavras altissonantes...

---

(10) Barbara et baralipton, expressão usada por Montaigne em seus Ensaios, significa aproximadamente "coisas bárbaras e bisonhas" (NT).

Prefácio ao Tratado Sobre o Vácuo

Apresentação

Este breve texto, publicado pela primeira vez em 1779, sob o título *De l'autorité en matière de philosophie* (Da autoridade em matéria de filosofia), é realmente o prefácio de um *Tratado sobre o vácuo* que Pascal estava escrevendo, como ele mesmo o afirma em diversas ocasiões. Numa carta a Ribeyre, datada de 16 de julho de 1651, Pascal, ao falar de suas experiências sobre o vácuo, escreve: "As consequências são muito belas e muito úteis. Não vou me deter em deduzi-las aqui, esperando que as possa ver em breve, se Deus quiser, num tratado que estou concluindo, do qual já falei a vários de nossos amigos e no qual se poderá conhecer a verdadeira causa de todos os efeitos que foram atribuídos ao horror do vácuo." Desse tratado, só foram conservados alguns fragmentos e o presente prefácio, não se sabendo que fim levou o restante do escrito.

Em sua brevidade, o prefácio se queixa do sumo respeito conferido a tudo o que os antigos nos legaram nas ciências humanas e nas ciências exatas e, em contrapartida, do tratamento mesquinho dado pelos contemporâneos a todos os cientistas modernos que, por meio de experiências sérias e conclusivas, fazem novas descobertas, contribuindo para o progresso da humanidade. Com efeito, muitas experiências e afirmações científicas absolutamente verdadeiras foram na época recebidas com incredulidade, quando não desprezadas e até mesmo condenadas. A história nos relata muitos casos que comprovam as palavras de Pascal, dentre os quais são mais conhecidos os de Copérnico, Galileo Galilei. Hoje certamente Pascal não teria do que se queixar, porquanto a ciência e a pesquisa levaram e estão levando o homem a um patamar jamais sonhado na época dele.

Ciro Mioranza

Uma vez que o respeito que se devota à antiguidade chegou hoje a tal ponto, nas matérias em que deveria ter menos força, que de todos os seus pensamentos se fazem oráculos e até de suas obscuridades se fazem verdadeiros mistérios; a tal ponto que não se pode mais propor novidades sem riscos e que o texto de um autor basta para destruir as mais poderosas razões[11]...

Não é minha intenção corrigir um vício para cair em outro e de não demonstrar estima pelos antigos, porque outros os têm em demasiada conta.

Não pretendo banir sua autoridade para ressaltar unicamente a razão, embora haja aqueles que pretendem afirmar apenas sua autoridade em detrimento da razão...

Para estabelecer com real atenção esta importante distinção, é necessário considerar que há alguns temas que dependem somente da memória e são puramente históricos, uma vez que não têm por objeto senão saber saber o que os autores escreveram; os outros dependem unicamente do raciocínio e são inteiramente dogmáticos, tendo por objeto pesquisar e descobrir as verdades escondidas.

As verdades do primeiro tipo são limitadas, tanto quanto os livros em que estão contidas...

---

(11) O texto tem muitas lacunas, de uma eventual palavra que o autor pretendia apor ou mesmo de frases conclusivas deixadas para posterior complementação, lacunas que são sempre indicadas pelas reticências (NT).

É seguindo esta distinção que é necessário regulamentar diversamente o alcance desse respeito. O respeito que se deve ter por...

Nas matérias em que se pesquisa somente saber o que os autores escreveram, como na história, na geografia, na jurisprudência, nas línguas e sobretudo na teologia e, por fim, em todas aquelas que têm por princípio o fato simples ou a instituição divina ou humana, deve-se necessariamente recorrer a seus livros, porquanto tudo o que se pode saber neles está contido: donde é evidente que se pode nessas matérias ter um conhecimento pleno e que não é possível nada acrescentar a elas.

Se se trata de saber quem foi o primeiro rei dos franceses, em que lugar os geógrafos situam o primeiro meridiano, quais são as palavras utilizadas numa língua morta e todas as questões dessa natureza, que outros meios poderiam nos guiar senão os livros? E quem poderá acrescentar algo de novo ao que eles nos ensinam, porquanto se quer saber unicamente o que contêm?

É somente a autoridade que pode nos iluminar a respeito. Mas onde essa autoridade tem a principal força é na teologia, porque nesta ela é inseparável da verdade e porque só conhecemos a verdade pela autoridade, de modo que, para conferir certeza plena das matérias mais incompreensíveis à razão, basta fazer ver que estão contidas nos livros sagrados, como, para mostrar a incerteza das coisas mais plausíveis, basta fazer ver que não estão neles contidas. Isso porque seus princípios estão acima da natureza e da razão e porque, sendo o espírito humano demasiado fraco para atingi-los por seus próprios esforços, só pode alcançar essa elevada intelecção se for guiado por uma força todo-poderosa e sobrenatural.

O mesmo não ocorre com as matérias que caem no âmbito dos sentidos ou do raciocínio: ali a autoridade é inútil; somente a razão intervém para conhecê-las. Elas, razão e autoridade, têm seus direitos definidos: aqui uma leva todas as vantagens sobre a outra; lá, reina a outra. Mas como as matérias desse tipo são proporcionais ao alcance do espírito, ele dispõe de total liberdade de se estender a elas: sua fecundidade inesgotável produz continuamente e suas descobertas podem ser, em seu conjunto, infindas e ininterruptas...

É assim que a geometria, a aritmética, a música, a física, a medicina, a arquitetura e todas as ciências que estão submetidas à experiência e ao raciocínio devem crescer para se tornarem perfeitas. Os antigos as encontraram somente esboçadas por aqueles que os precederam; e nós as deixaremos para aqueles que vierem depois de nós num estado mais aperfeiçoado do que as recebemos.

Como seu aperfeiçoamento depende do tempo e do esforço, é evidente que mesmo que nosso esforço e nosso tempo nos permitissem menos aquisições que os trabalhos deles, separados dos nossos, os dois, no entanto, associados, devem produzir mais resultados que cada um de forma isolada.

O esclarecimento dessa diferença deve nos levar a lamentar a cegueira daqueles que oferecem unicamente a autoridade como prova em matérias físicas, em vez do raciocínio ou experiências, e deve nos causar horror a malícia de outros que empregam unicamente o raciocínio na teologia, em vez da autoridade da sagrada Escritura e dos Padres da Igreja. É preciso restabelecer a coragem nesses tímidos que não ousam inventar nada em física e confundir a insolência desses temerários que produzem novidades em teologia. Entretanto, a desgraça do século é tal que muitas opiniões novas se veem em teologia, desconhecidas por todos os antigos, sustentadas com obstinação e recebidas com aplauso, ao passo que aquelas que sao produzidas na física, embora em pequeno número, parecem dever ser qualificadas de falsidade, por menos que se choquem com as opiniões admitidas: como se o respeito que se possui pelos antigos filósofos fosse por obrigação e aquele que se dedica aos mais antigos dos Padres da Igreja fosse somente por conveniência! Deixo às pessoas judiciosas a observar a importância desse abuso que inverteu a ordem das ciências com tanta injustiça; e creio que serão poucas as pessoas que não desejem que esta liberdade seja aplicada a outras matérias, uma vez que as novas invenções são infalivelmente erros nas matérias que são profanadas impunemente; e creio que elas são absolutamente necessárias para a perfeição de tantas outras matérias, incomparavelmente inferiores, as quais, no entanto, não se ousa tocá-las.

Dividamos com mais justiça nossa fé e nossa desconfiança e limitemos esse respeito que temos pelos antigos. Como é a razão que o faz nascer, esta deve também mensurá-lo; e consideremos que, se os antigos tivessem tido essa atitude de não ousar nada acrescentar aos conhecimentos que haviam recebido e se seus contemporâneos tivessem tido a mesma dificuldade de receber as novidades que lhes eram oferecidas, eles se teriam privado a si mesmos e à posteridade do fruto de suas descobertas.

Assim como eles se serviram daquelas que lhes haviam sido legadas somente como meio para obter novas e como essa feliz ousadia lhes havia aberto o caminho para grandes realizações, assim também nós devemos considerar do mesmo modo aquelas que eles nos transmitiram e, a exemplo deles, fazer delas meios e não fim de nosso estudo; e dessa forma procurar superá-los, ao imitá-los.

De fato, o que pode haver de mais injusto que tratar nossos antigos com mais rigidez do que eles trataram aqueles que os precederam e ter por eles esse respeito inviolável que só mereceram de nós porque eles não tiveram respeito semelhante para com aqueles que tiveram perante eles a mesma vantagem?...

Os segredos da natureza estão escondidos; embora ela esteja sempre em ação, nem sempre descobrimos seus efeitos: o tempo os revela de época em época e, embora sempre igual em si mesma, não é sempre igualmente conhecida.

As experiências que nos levam a compreendê-la se multiplicam continuamente; e como elas são os únicos princípios da física, as consequências se multiplicam proporcionalmente.

É dessa maneira que hoje podemos ter outras posições e novas opiniões sem desprezo e sem ingratidão, uma vez que os primeiros conhecimentos que eles nos proporcionaram serviram de degraus para os nossos e que nesses avanços lhes somos devedores da ascendência que temos sobre eles; porque, tendo sido elevados até certo grau para onde eles nos levaram, o menor esforço nos faz subir mais alto e com menos dificuldade e menos glória nos encontramos acima deles. É por essa razão que podemos descobrir coisas que lhes era impossível perceber. Nossa visão é mais ampla e, embora conhecessem tão bem quanto nós tudo o que podiam observar da natureza, não a conheciam tanto, contudo, e nós vemos mais do que eles.

Entretanto, é estranho de que maneira se reverencia suas posições. Comete-se um crime ao contradizê-los e um atentado ao acrescentar-lhes alguma coisa, como se não tivessem mais deixado verdades a conhecer.

Acaso não seria tratar indignamente a razão do homem e colocá-la em paralelo com o instinto dos animais, uma vez que tiramos dela a principal diferença, que consiste em que os efeitos do raciocínio aumentem sem cessar, enquanto o instinto permanece sempre no mesmo estado? As colmeias das abelhas eram tão bem estruturadas há mil anos como hoje e cada uma delas forma esse hexágono tão exatamente na primeira vez como na última. O mesmo ocorre com tudo o que os animais produzem por esse movimento oculto. A natureza os instrui à medida que a necessidade os pressiona; mas essa ciência frágil se perde com as necessidades que sentem dela: como a recebem sem estudo, não têm a felicidade de conservá-la; e todas as vezes que ela lhes é dada, lhes é nova, uma vez que a natureza, só tendo por objeto manter os animais numa ordem de perfeição limitada, lhes inspira essa ciência necessária, sempre igual, de medo que pereçam e não permite que progridam, de medo que ultrapassem os limites que ela lhes prescreveu. Não ocorre o mesmo com o homem, porquanto foi criado exclusivamente para a infinitude. Está na ignorância no primeiro estágio de sua vida; mas se instrui sem cessar em seu desenvolvimento: pois tira proveito não somente de sua própria experiência, mas também daquele de seus predecessores, porque guarda sempre na memória os conhecimentos que uma vez adquiriu e porque os conhecimentos dos antigos estão sempre presentes a ele nos livros que deixaram. E como conserva esses conhecimentos, pode também incrementá-los facilmente, de modo que os homens estão hoje de alguma forma no mesmo estado em que se encontrariam esses antigos filósofos, se lhes fosse dado viver até nossos dias, acrescentando aos conhecimentos que tinham aqueles que seus estudos pudessem ter proporcionado no decorrer de tantos séculos. Disso decorre que, por uma prerrogativa particular, não somente cada homem progride dia após dias nas ciências, mas que todos os homens juntos progridem de modo contínuo à medida que o universo envelhece, porque a mesma coisa acontece na sucessão dos homens como nas diferentes idades de um homem em particular. De modo que a série dos homens, durante o decurso de todos os séculos, deve ser considerada como um único homem que subsiste sempre e que aprende continuamente: por aí se vê com quanta injustiça respeitamos a Antiguidade em seus filósofos; de fato, como a velhice é a idade mais distante da infância, quem não enxerga que a velhice nesse homem universal não deve ser procurada nos tempos próximos de seu nascimento, mas naqueles que mais se distanciam dele? Aqueles que chamamos antigos eram verdadeiramente novos em todas as coisas e formavam propriamente a infância dos homens; e como acrescentamos a seus conhecimentos a experiência dos séculos que a eles se seguiram é em nós que se pode encontrar essa antiguidade que reverenciamos nos outros.

Devem ser admirados pelas consequências que souberam extrair dos poucos princípios que possuíam e devem ser desculpados naquelas em que sentiram antes a falta da felicidade da experiência que da força do raciocínio.

De fato, não seriam desculpáveis pela ideia que tinham da Via Láctea, quando a fraqueza de seus olhos, não tendo recebido ainda o socorro da técnica, atribuiram essa cor a uma solidez maior nessa parte do céu que reflete a luz com mais força?

Mas não seríamos nós inescusáveis se teimássemos na mesma ideia, agora que, auxiliados pelas vantagens que nos fornece a luneta, nela descobrimos uma infinidade de pequenas estrelas, cujo brilho mais abundante nos levou a reconhecer qual é a verdadeira causa dessa brancura?

Não teriam eles também razão de dizer que todos os corpos corruptíveis estavam encerrados na esfera do céu da lua, quando, durante o decurso de tantos séculos, não haviam ainda notado corrupções nem gerações fora desse espaço?

Nós, porém, não devemos afirmar o contrário, porquanto toda a terra viu perceptivelmente os cometas se inflamar e desaparecer para muito além dessa esfera?

É assim que, sobre o tema do vácuo, os antigos tinham o direito de afirmar que a natureza não sofria com ele, porque todas as suas experiências os haviam sempre levado a observar que ela o abominava e não podia suportá-lo.

Mas se as novas experiências tivessem sido conhecidas por eles, talvez teriam encontrado base para afirmar o que tiveram motivo para negar, isto é, que o vácuo não existia. Por isso, no juízo que fizeram de que a natureza não tolerava vácuo algum, não ouviram falar da natureza senão no estado em que a conheciam, uma vez que, para dizê-lo de modo geral, não seria suficiente tê-la visto constantemente em cem situações, nem em mil, nem em qualquer outro número, por maior que fosse, porquanto, se restasse um único fenômeno por examinar, este seria suficiente para impedir a definição geral e, se um só fosse contrário, este único... De fato, em todas as matérias em que a prova consiste em experiências e não em demonstrações, não se pode fazer nenhuma afirmação universal a não ser pela enumeração geral de todas as partes ou de todos os casos diferentes. É assim que, ao dizermos que o diamante é o mais duro de todos os corpos, entendemos de todos os corpos que conhecemos e não podemos nem devemos incluir nisso aqueles que não conhecemos; e quando dizemos que o ouro é o mais denso dos corpos, seríamos temerários ao incluir nesta proposição geral aqueles corpos que não são ainda de nosso conhecimento, embora não seja impossível que existam na natureza.

De igual modo, quando os antigos afirmaram que a natureza não tolerava o vácuo, entenderam que ela não o tolerava em todas as experiências que haviam visto e não poderiam sem temeridade incluir aquelas que não eram de seu conhecimento. Tivessem eles tido essas experiências, sem dúvida teriam tirado as mesmas mesmas consequências que nós e as teriam legado, por seu testemunho, a essa antiguidade que se pretende hoje considerar como único princípio das ciências.

É assim que, sem contradizê-los, podemos afirmar o contrário do que diziam e, por mais força que tenha essa Antiguidade, a verdade deve sempre prevalecer, mesmo que recentemente descoberta, uma vez que ela é sempre mais antiga que todas as opiniões que se teve dela; além do mais, seria ignorar sua natureza pensar que ela tenha começado a existir no momento em que ela começou a ser conhecida.

Três Discursos
Sobre a Condição
dos Grandes

Apresentação

Estes três discursos, que Pascal realmente proferiu, não são de sua lavra, mas foram reproduzidos por um ouvinte que anotou e transcreveu estes três dos muitos discursos e palestras de Pascal. Foram publicados quase uma década depois da morte desse pensador e cientista. Embora não representem as próprias palavras dele, refletem pelo menos seu pensamento e suas opiniões. Os textos aqui apresentados, segundo estudiosos, teriam sido dirigidos ao filho do duque de Luynes, mais tarde duque de Chevreuse (1646-1712), como parte da educação política e diplomática do jovem.

Os três tratam da grandeza, da dignidade, do cargo exercido. O primeiro previne contra o defeito de se desconhecer a si próprio e de imaginar que todos os bens de que usufrui um homem que reveste altas dignidades lhe sejam devidos por sua posição e façam parte dele como se fossem direitos de nascença. O príncipe ou o alto dignitário deve ter sempre presente a igualdade natural de todos os homens e saber distinguir o que é privilégio eventual de um homem que exerce um cargo, porquanto cargo e função representam antes de mais nada um serviço em benefício dos outros.

O segundo adverte contra o defeito de se considerar senhor de tudo e acima de todos, pouco importando as qualidades e virtudes que devem ornar a pessoa de todo governante. Ao exigir o respeito e a submissão dos outros, o dignitário deve cultivar o respeito que deve a seus semelhantes e subalternos.

O terceiro admoesta o dignitário a não se deixar levar pela licenciosidade e pelas oportunidades que tem de satisfazer a todas as suas inclinações por causa de sua posição e de seus bens, esquecendo que sua grandeza deve estar a serviço dos outros e não a serviço de seus próprios caprichos e desregramentos, levando ao desprezo e ao abandono daqueles que lhe são submissos.

Ciro Mioranza

Primeiro Discurso

Para entrar no verdadeiro conhecimento de sua condição, considere-a nesta imagem.

Um homem é jogado pela tempestade numa ilha desconhecida, cujos habitantes estavam com dificuldade em encontrar seu rei, que se havia perdido. Aparentando muita semelhança de corpo e de rosto com esse rei, esse homem é tomado por ele e reconhecido nessa qualidade por todo esse povo. De início, não sabia que partido tomar, mas finalmente resolveu se prestar à sua boa sorte. Recebeu todos os respeitos que quiseram lhe render e deixou que esse povo o tratasse como rei.

Mas como não podia esquecer sua condição natural, pensava, ao mesmo tempo em que recebia esses respeitos, que não era esse rei que o povo procurava e que esse reino não lhe pertencia. Assim, tinha um duplo pensamento; um pelo qual agia como rei e outro pelo qual reconhecia sua verdadeira condição e que tinha sido somente o acaso que o havia guindado ao posto que ocupava. Escondia este último pensamento e revelava o outro. Era pelo primeiro que tratava com o povo e pelo segundo tratava consigo mesmo.

Não imagine que seja por qualquer acaso que possui as riquezas de que é senhor, como aquele pelo qual esse homem se tornara rei. Não tem nenhum direito sobre você mesmo e, por sua natureza, tampouco como ele: e não somente você é filho de um duque, mas não se encontra no mundo senão por uma infinidade de acasos. Seu nascimento depende de um casamento, ou melhor, de todos os casamentos dos quais descende. Mas de que dependem esses casamentos? De uma visita, de um encontro, de palavras jogadas ao ar, de mil ocasiões imprevistas.

Tem, você diz, suas riquezas de seus ancestrais; mas não foi por mil acasos que seus ancestrais as adquiriram e as conservaram? Imagina também que foi por alguma lei natural que esses bens passaram de seus ancestrais a você? Isso não é verdade. Essa ordem está baseada unicamente na vontade dos legisladores que puderam ter boas razões, mas nenhuma delas foi extraída de um direito natural que você pudesse ter sobre essas coisas. Se tivessem achado oportuno ordenar que esses bens, após terem sido possuídos pelos pais em vida, retornassem à república após sua morte, você não teria qualquer motivo para se queixar.

Assim, todo título pelo qual possui seu bem não é um título de natureza, mas de uma instituição humana. Outro toque de imaginação naqueles que fizeram as leis o teria tornado pobre; e não é senão essa situação do acaso que o fez nascer, com o capricho das leis favoráveis a seu respeito, que o coloca de posse de todos esses bens.

Não quero dizer que não lhe pertencem legitimamente e que seja permitido a outro arrebatá-los, pois Deus, que é seu senhor, permitiu às sociedades elaborar leis para partilhá-los; e uma vez estabelecidas essas leis, é injusto violá-las. É o que o distingue um pouco desse homem que não possuiria seu reino se não fosse por erro do povo, porque Deus não autorizaria essa posse e o obrigaria a renunciar a ela, ao passo que autoriza a sua. Mas o que lhe é inteiramente comum com ele é que esse direito que você tem dessa posse não está baseado, tampouco o dele, em alguma qualidade e em algum mérito seu e que o tornem digno dela. Sua alma e seu corpo são por si próprios indiferentes à condição de barqueiro ou à de duque e não há nenhum vínculo natural que os ligue a uma condição antes que a outra.

Que se segue disso? Que você deve ter, como esse homem de que falamos, um duplo pensamento; e se você agir externamente com os homens segundo seu cargo, deve reconhecer, por um pensamento mais oculto mas mais verdadeiro que não tem nada naturalmente acima deles. Se o pensamento público o eleva acima do comum dos homens, que o outro o rebaixe e o mantenha numa perfeita igualdade com todos os homens, pois esta é sua condição natural.

O povo que o admira não conhece talvez esse segredo. Acredita que a nobreza é uma grandeza real e considera os grandes quase como se fossem de outra natureza, diversa da dos outros. Não lhes revele esse erro, se assim o quiser, mas não abuse dessa elevação com insolência e, sobretudo, não se desconheça a si mesmo, acreditando que seu ser tem algo de mais elevado que o dos outros.

Que diria desse homem que foi feito rei pelo erro do povo, se viesse a esquecer de tal modo sua condição natural, que imaginasse que esse reino lhe era realmente devido, que o merecia e que lhe pertencia de direito? Você admiraria sua tolice e sua loucura. Mas há menos nas pessoas de condição elevada que vivem num tão estranho esquecimento de sua condição natural?

Como este aviso é importante! De fato, todos os arrebatamentos, toda a violência e toda a vaidade dos grandes provêm do fato de que não conhecem o que realmente são, uma vez que seria difícil que aqueles que se considerassem interiormente como iguais a todos os homens e que estivessem realmente persuadidos que não têm nada neles, que mereça essas pequenas vantagens que Deus lhes concedeu acima dos outros, os tratassem com insolência. É necessário esquecer-se a si mesmo para isso e acreditar que se possui alguma excelência real acima deles; nisso consiste esta ilusão que tento lhe revelar.

Segundo Discurso

É bom, senhor, que saiba o que se lhe deve, a fim de que não pretenda exigir dos homens aquilo que não lhe é devido, pois é uma injustiça visível; apesar disso, é muito comum àqueles de sua condição, porque ignoram a natureza dela.

Há no mundo duas espécies de grandeza, pois há grandezas estabelecidas e grandezas naturais. As grandezas estabelecidas dependem da vontade dos homens que acreditaram, com razão, dever honrar certas condições de vida e ligar a elas certa consideração. As dignidades e a nobreza são desse gênero. Num país são honrados os nobres, em outro, os aldeões; neste, os mais idosos, naquele os mais jovens. Por que isso? Porque isso agradou aos homens. A coisa era indiferente antes do estabelecimento; após a instituição se tornou justa, porque é injusto perturbá-la.

As grandezas naturais são aquelas que são independentes dos caprichos dos homens, porque consistem em qualidades reais e efetivas da alma ou do corpo, que tornam ambos mais estimados, como as ciências, a luz do espírito, a virtude, a saúde, a força.

Devemos alguma coisa a ambas dessas grandezas, mas como são de natureza diferentes, lhes devemos também consideração diversa.

Às grandezas instituídas lhes devemos consideração de instituição, isto é, certas cerimônias exteriores que devem ser, contudo, acompanhadas, segundo o motivo, de um reconhecimento interior da justiça dessa ordem, mas que não nos levam a conceber alguma qualidade real naqueles que honramos dessa forma. Deve-se falar aos reis de joelhos; deve-se ficar de pé na sala dos príncipes. É uma tolice e uma baixeza de espírito lhes recusar esses deveres.

Mas quanto à consideração natural que consiste na estima, só a devemos às grandezas naturais; e, ao contrário, devemos desprezo e aversão às qualidades opostas a essas grandezas naturais. Não é necessário, porque você é duque, que eu o estime, mas é necessário que o cumprimente. Se você é duque e homem honesto, vou prestar o que devo a uma e a outra dessas qualidades. Não lhe recusarei as cerimônias que sua qualidade de duque merece, nem a estima que merece a de homem honesto. Mas se você fosse duque sem ser homem honesto, ainda assim lhe faria justiça, pois, ao lhe prestar os deveres exteriores que a ordem dos homens ligou a seu nascimento, não deixaria de ter por você o desprezo interior que a baixeza de seu espírito merecesse.

Aí está em que consiste a justiça desses deveres. E a injustiça consiste em ligar a consideração natural às grandezas instituídas ou em exigir consideração de instituição para as grandezas naturais. Fulano de tal é um geômetra maior do que eu; nessa condição, quer passar à minha frente; então lhe direi que não entende nada disso. A geometria é uma grandeza natural; requer uma preferência de estima, mas os homens não lhe atribuíram nenhuma preferência exterior. Passarei, portanto, na frente dele e o estimarei mais do que eu, na qualidade de geômetra. De igual modo, se, sendo duque e par, você não se contenta em que eu descubra minha cabeça em sua frente e que quisesse ainda que eu o estimasse, eu lhe solicitaria que me mostrasse as qualidades que pudessem merecer minha estima. Se o fizesse, terá minha estima e eu não poderia recusá-la com justiça; mas se não o fizesse, seria injusto ao pedi-la a mim e seguramente não teria êxito, mesmo que fosse o maior príncipe do mundo.

Terceiro Discurso

Quero dar-lhe a conhecer, senhor, sua condição verdadeira, pois é a coisa que as pessoas de sua classe mais ignoram. Que é, a seu ver, ser grande senhor? É ser dono de muitos objetos de concupiscência dos homens e assim poder satisfazer as necessidades e os desejos de muitos. São essas necessidades e esses desejos que os aproximam de você e que fazem com que se submetam a você; sem isso, nem sequer o olhariam; mas eles esperam, por esses serviços e essas deferências que lhe prestam, obter alguma parte desses bens que desejam e que veem que estão a seu dispor.

Deus está cercado de pessoas cheias de caridade que lhe pedem os bens da caridade que estão em seu poder: desse modo, ele é propriamente o rei da caridade.

De igual modo, você está cercado de pequeno número de pessoas, sobre quem reina à sua maneira. Essas pessoas estão repletas de concupiscência. Pedem-lhe os bens da concupiscência; é a concupiscência que os liga a você. Você é, portanto, um rei de concupiscência. Seu reino é de reduzida extensão, mas você é igual nisso aos maiores reis da terra; como você, são reis de concupiscência. É a concupiscência que faz sua força, isto é, a posse das coisas que a cobiça dos homens deseja.

Mas, conhecendo sua condição natural, use dos meios que ela lhe dá e não pretenda reinar por outra via senão por aquela que o tornou rei. Não é sua força e seu poder natural que lhe sujeitam todas essas pessoas. Não pretenda, portanto, dominá-las pela força, nem tratá-las com dureza. Contente seus justos desejos; alivia suas necessidades; demonstre prazer em ser beneficente; ajude-os tanto quanto puder e agirá como verdadeiro rei de concupiscência.

O que lhe digo não chega muito longe e, se permanecer assim, não deixará de evitar sua própria perdição, mas pelo menos se perderá como homem honesto. Saiba que há gente que se condena tolamente pela avareza, pela brutalidade, pela depravação, pela violência, pelos arrebatamentos, pelas blasfêmias. O meio que lhe revelo é sem dúvida mais honesto, mas, na verdade, é sempre grande loucura se condenar e é por isso que não se deve ficar nisso. É necessário desprezar a concupiscência e seu reino e aspirar a esse reino de caridade, onde todos os súditos só respiram caridade e não desejam outros bens senão a caridade. Outros que não eu lhe indicarão os caminhos; para mim é suficiente tê-lo afastado dessas vias brutais para as quais vejo muitas pessoas de sua condição se deixarem levar, por falta de conhecimento do verdadeiro estado dessa condição.

Colóquio entre Pascal e Sacy sobre a Leitura de Epicteto e de Montaigne

Apresentação

Este breve texto foi publicado somente anos após a morte de Pascal. Nota-se que foi recuperado e em parte reescrito pelos editores, depois de recolhido entre os muitos escritos inéditos deixados pelo cientista e filósofo. Houve, inclusive, várias edições diferentes entre o final do século XVII e inícios do século XVIII, embora o pensamento central do autor seja sempre uno e mesmo a própria elaboração do escrito não apresente grandes divergências. Dentre as primeiras edições, cumpre relembrar as de Desmolets (primeiro a publicar este colóquio, em 1728), Courcelle, Gounelle e Tronchai. Em *Estudos críticos*, publicados em 1903, Bédier estabelece um texto que minimiza as divergências das antigas edições e que é seguido nesta tradução. Mais que eventuais diferenças textuais, foi longamente discutida a autenticidade do escrito e sua verdadeira autoria. Hoje, porém, aceita-se que Pascal seja realmente o autor deste texto remanejado por editores, embora alguns ainda persistam em pôr em dúvida tanto a autenticidade como a autoria.

O colóquio ou conversação entre Pascal e Sacy gira em torno da leitura e interpretação das obras e do pensamento de Epicteto, filósofo estoico do século I de nossa era, e de Montaigne, pensador francês do século XVI. Enquanto Pascal contrapõe estes dois pensadores, as ideias e inverdades de ambos, Sacy se preocupa exclusivamente em contrapor aos dois a doutrina de santo Agostinho, filósofo e teólogo do século

III-IV. Enquanto Pascal reconhece valores nos dois e critica posições heterodoxas e eventuais erros, Sacy permanece agarrado à doutrina agostiniana, como verdadeira fonte de retidão e de perfeição na vida do homem. Os dois interlocutores, cada um defendendo seu ponto de vista, concordam finalmente que a leitura de Epicteto e de Montaigne traz pouco benefício, mas poderia ser feita com prevenção e reserva.

Ciro Mioranza

Pascal, uma vez tocado finalmente por Deus, submeteu esse espírito tão elevado ao doce jugo de Jesus Cristo; e esse coração tão nobre e tão grande abraçou com humildade a penitência. Veio a Paris se lançar nos braços de Singlin, decidido a fazer tudo o que este lhe ordenasse. Singlin julgou, ao ver esse grande gênio, que faria bem enviá-lo a Port-Royal des Champs[12], onde Arnauld o secundaria no que dizia respeito às altas ciências e onde Sacy lhe ensinaria a desprezá-las. Veio, pois, morar em Port-Royal. Sacy[13] não pôde evitar de vê-lo por honestidade, sobretudo tendo sido rogado a respeito por Singlin, mas as luzes santas que encontrava nas Escrituras e nos Padres da Igreja o levaram a esperar que não ficaria deslumbrado por todo o brilho de Pascal, que encantava, no entanto, e que enlevava a todos. Com efeito, achava tudo o que ele dizia muito justo; admitia com prazer a força de seu espírito e de suas conversas. Mas não havia nada de novo. Tudo o que Pascal lhe dizia de grande, ele o havia visto antes em santo Agostinho[14]; e fazendo justiça

---

(12) Port-Royal era um mosteiro, situado na França e fundado no século XIII; tornou-se célebre no século XVII por se tornar o centro do jansenismo, sob a orientação do monge Saint-Cyran, centro que atraiu muitos cristãos, mesmo personalidades de destaque, como Pascal e Arnauld. O jansenismo se constituía em corrente doutrinária católica difundida pelo bispo Jansênio (1585-1638) e versava mormente sobre a liberdade humana e a graça divina; pregava um rigorismo extremado na moral e nos costumes. Condenado por Roma reiteradas vezes, o jansenismo exerceu grande influência em segmentos da comunidade católica até meados do século XX (NT).

(13) Singlin, Arnauld e Sacy foram promotores destacados do jansenismo. Antoine Singlin (1607-1664) se tornou diretor de Port-Royal depois de Saint-Cyran; era homem ponderado, mas de extremo rigor. Antoine Arnauld (1612-1694), filósofo e teólogo, principal defensor da doutrina de Jansênio. Isaac Le Maistre de Sacy (1613-1684), homem austero e discreto, aberto à filosofia, se guiava exclusivamente em sua prática religiosa pela Bíblia e santo Agostinho (NT).

(14) Aurelius Augustinus, conhecido como santo Agostinho (354-430), filósofo e teólogo latino; uma de suas obras, *Solilóquios*, já foi publicada nesta coleção da Editora Escala (NT).

a todos, dizia: "Pascal é extremamente estimável, desde que, não tendo lido os Padres da Igreja[15], ele próprio tinha encontrado, pela penetração de seu espírito, as mesmas verdades que eles haviam encontrado. Ele as julga surpreendentes, porque não as viu em nenhum local, mas quanto a nós, estamos acostumados a vê-las em todo canto em nossos livros." Assim, este sábio eclesiástico, achando que os antigos não tinham menos luzes que os novos, seguia aqueles, mas estimava muito Pascal porque em todas as coisas combinava com santo Agostinho.

A conduta usual de Sacy, ao entreter as pessoas, era de proporcionar sua conversa com aquela de seus interlocutores. Se via, por exemplo, Champaigne[16], falava com ele de pintura; se via Hamon, discorria sobre medicina; se via o cirurgião do lugar, questionava sobre a medicina; aqueles que cultivavam a videira ou as plantas ou os cereais lhe diziam tudo o que era necessário observar nessas culturas. Tudo lhe servia para passar logo a Deus e para levar os outros a fazer o mesmo. Julgou, portanto, dever trazer Pascal para seu lado e lhe falar das leituras de filosofia de que mais se ocupava; introduziu a ele esse assunto nas primeiras conversas que tiveram juntos. Pascal lhe disse que seus dois livros mais usuais tinham sido Epicteto e Montaigne; e ele teceu grandes elogios a essas duas mentes. Sacy, que sempre havia julgado não dever ler muito esses autores, solicitou a Pascal para que lhe falasse deles a fundo.

Epicteto[17] – lhe disse – é um dos filósofos do mundo que melhor conheceu os deveres do homem. Quer, antes de qualquer coisa, que considere a Deus como seu principal objeto; que esteja persuadido que tudo governa com justiça; que se submeta a ele de bom coração e que o siga voluntariamente em tudo, como se não fizesse nada senão com a maior sabedoria; que desse modo essa disposição deterá todas as queixas e todos os murmúrios e preparará seu espírito a suportar pacificamente os acontecimentos mais tristes. Não diga jamais, diz ele, "Perdi isso"; diga antes "Eu o devolvi; meu filho morreu, eu o devolvi; minha mulher

---

(15) A expressão *Padres da Igreja* é consagrada há séculos na Igreja católica e se refere a escritores dos primeiros séculos do cristianismo que, por suas obras e pelo valor de sua doutrina, são considerados autoridade em teologia e fé, bem como homens que fundamentaram e consagraram a Igreja como instituição; a expressão tem, pois, o sentido de *pais da Igreja*; são muitos, entre os quais cumpre relembrar: Irineu, Hipólito, Dionísio Alexandrino, Eusébio de Cesareia, Atanásio, Cirilo de Jerusalém, Gregório Nazianzeno, Gregório Nisseno, João Crisóstomo, Ambrósio, Agostinho, Jerônimo, Cirilo de Alexandria, Pedro Crisólogo, Gregório Magno, João Damasceno, etc.

(16) Philippe de Champaigne (1602-1674), pintor francês de origem belga (NT).

(17) Epicteto (50-130), filósofo grego nascido na Frigia (atualmente no território da Turquia), escravo liberto, é o filósofo mais notável do estoicismo da época do império romano; em Roma foi aluno do estoico Musonius Rufus; de volta à Grécia, fundou uma escola de filosofia no Épiro; suas obras, *Enchiridion* (Manual) e *Discursos*, foram redigidas e divulgadas por seu discípulo *Arriano* (NT).

morreu, eu a devolvi"; assim dos bens e de todo o resto. "Mas aquele que o tira de mim é um homem mau", pode dizer. Por que se preocupa tanto pelo fato de aquele que o emprestou o peça de volta? Enquanto ele lhe permitir o uso, cuide dele como de um bem que pertence a outrem; como um homem que viaja cuida de tudo numa hospedaria. Não se deve – diz ele – desejar que essas coisas que feitas, sejam feitas como você quer, mas simplesmente querer que sejam feitas como usualmente o são. Lembre-se – diz em outra passagem – que você está aqui como um ator e que representa a personagem de uma comédia, tal como é do agrado do senhor lhe conceder esse papel. Se o der breve, represente-o com brevidade; se o der longo, represente-o de acordo; se quiser que imite o mendigo, deve fazê-lo com toda a simplicidade que lhe será possível; e assim por diante. Compete a você representar bem a personagem que lhe é indicada, mas escolhê-la é de competência de outro. Tenha todos os dias diante dos olhos a morte e os males que parecem mais insuportáveis e jamais haverá de pensar qualquer coisa de indigno e não haverá de desejar nada com excesso. Mostra ainda de mil maneiras o que um homem deve fazer. Quer que seja humilde, que oculte suas boas resoluções, sobretudo no início, e que as cumpra em segredo; nada as arruína mais do que exibi-las. Não se cansa de repetir que todo empenho e desejo do homem deve ser de reconhecer a vontade de Deus e segui-la.

Aí estão, senhor – disse Pascal a Sacy – as luzes desse grande espírito que tão bem conheceu os deveres do homem. Ouso dizer que merecia ser adorado se tivesse conhecido tão bem sua impotência, porque era necessário ser Deus para ensinar tudo isso aos homens. Por isso, como era terra e cinza, após ter compreendido tão bem o que se deve, eis como ele se perde na presunção do que se pode. Diz que Deus deu ao homem os meios de cumprir todas as suas obrigações; que esses meios estão em nosso poder; que se deve procurar a felicidade por meio das coisas que estão em nosso poder, porquanto Deus no-las deu para esse fim; que se deve ver o que há em nós de livre; que os bens, a vida, a estima não estão em nosso poder e, portanto, não levam a Deus; mas que o espírito não pode ser forçado a crer naquilo que sabe ser falso, nem a vontade de amar o que ela sabe que a torna infeliz; que esses dois poderes são, portanto, livres e que é por meio deles que podemos nos tornar perfeitos; que o homem pode, por meio desses poderes, conhecer perfeitamente a Deus, amá-lo, obedecer-lhe, agradá-lo, curar-se de todos os seus vícios, adquirir todas as virtudes, tornar-se santo e, desse modo, companheiro de Deus. Esses princípios de uma soberba diabólica o conduzem a outros erros, como: que a alma é uma porção da substância divina; que a dor e os males não são males; que se pode suicidar-se quando se é de tal modo perseguido que se deve acreditar que Deus chama; e outras coisas mais.

Quanto a Montaigne[18], do qual, senhor, quer também que lhe fale, tendo nascido cristão, professa a religião católica. Nisso, não tem nada de particular. Mas como ele quis pesquisar qual moral a razão deveria ditar sem a luz da fé, tomou seus princípios nessa suposição. E assim, considerando o homem destituído de toda revelação, discorre dessa maneira. Coloca todas as coisas numa dúvida universal e tão geral que essa dúvida vence por si; quer dizer, ele duvida se duvida; e duvidando até mesmo dessa última proposição, sua incerteza roda sobre si mesma num círculo perpétuo e sem descanso, opondo-se igualmente àqueles que asseguram que tudo é incerto e àqueles que asseguram que tudo não existe, porque não quer nada assegurar. É nessa dúvida que duvida de si e nessa ignorância que se ignora, e que ele chama sua forma mestra, que é a essência de sua opinião, que não conseguiu expressar por nenhum termo positivo; pois, se diz que duvida, se trai assegurando ao menos que duvida, o que, sendo formalmente contra sua intenção, não pôde se explicar senão por interrogação, de modo que, não querendo dizer "não sei", diz "que sei?" e disso faz sua divisa, colocando-a em balanças que, pesando os contraditórios, se encontra num perfeito equilíbrio; ou seja, ele é puro pirrônico[19]. Sobre esse princípio se desenvolvem todos os seus discursos e todos os seus ensaios; e é a única coisa que pretende estabelecer realmente, embora nem sempre deixe entrever sua intenção. Destrói imperceptivelmente tudo o que passa como sendo o mais certo entre os homens, não para estabelecer o contrário com uma certeza, unicamente da qual ele é inimigo, mas para fazer ver somente que as aparências, sendo iguais de uma parte e de outra, não se sabe a qual delas dar crédito.

Nesse espírito, zomba de toda segurança; por exemplo, combate aqueles que pensaram estabelecer na França um grande remédio contra os processos pela multidão e pela pretensa justeza das leis, como se fosse possível cortar a raiz das dúvidas de que nascem os processos e

---

(18) Michel Eyquem de Montaigne (1533-1592), pensador e escritor francês; todo o seu pensamento está contido em sua volumosa obra intitulada *Ensaios* (NT).

(19) Seguidor do pirronismo, doutrina do filósofo grego Pirro (365-275 a.C.), conhecida geralmente por ceticismo, segundo a qual a verdade é inacessível e, portanto, nada transparece com certeza, disso decorrendo que não se deve proferir julgamentos e se deve duvidar de tudo (NT).

que houvesse barragens que pudessem deter a torrente da incerteza e prender as conjeturas. É nesse ponto, quando diz que gostaria tanto de submeter sua causa ao primeiro passante como a juízes armados dessa multidão de ordenações, que não pretende que se deva mudar a ordem do Estado, nesse ponto demonstra não ter tanta ambição, nem que seu parecer seja melhor, pois não crê em nenhum que seja bom; é somente para provar a vaidade das opiniões mais aceitas; mostrando que a exclusão de todas as leis diminuiria bem mais o número de intrigas do que essa multidão de leis que só serve para aumentá-lo; porque as dificuldades crescem à medida que são pesadas, que as obscuridades se multiplicam pelos comentários e que o meio mais seguro para entender o sentido de um discurso é de não examiná-lo e de tomá-lo por sua primeira aparência: por menos que seja observado, toda a clareza se dissipa. Por isso julga ao acaso ações dos homens e pontos da história, ora de uma maneira, ora de outra, seguindo livremente sua primeira vista e sem obrigar seu pensamento a regras da razão, que só tem falsas medidas, preocupado em mostrar por seu exemplo as contrariedades de um mesmo espírito. Nesse gênio totalmente livre é inteiramente igual para ele vencer ou não na disputa, tendo sempre, por um e outro exemplo, um meio de mostrar a fraqueza das opiniões, sendo levado com tamanha vantagem nessa dúvida universal que nela se fortalece igualmente por seu triunfo e por sua derrota.

É nessa disposição, totalmente flutuante e oscilante como é, que combate com uma firmeza invencível os hereges de seu tempo que asseguravam que somente eles conheciam o verdadeiro sentido das Escrituras; e é ali ainda que fulmina mais vigorosamente a impiedade horrível daqueles que ousam assegurar que Deus não existe. Eles os questiona particularmente na *Apologie de Raymond de Sebonde*[20] e, encontrando-os despojados voluntariamente de toda revelação e abandonados a suas luzes naturais, sempre postas à parte, os interroga por qual autoridade se empenham em julgar esse ser soberano que é infinito por sua própria definição, eles que não conhecem verdadeiramente absolutamente nada da natureza. Pergunta-lhe sobre quais princípios se apóiam. Pressiona-os a mostrá-los: examina todos aqueles que podem produzir e neles penetra tão a fundo, por meio do talento em que se destaca,

---

(20) Ramón de Sebonde (?-1436), médico, filósofo e teólogo espanhol, autor de *Theologia naturalis* (Teologia natural), obra traduzida por Montaigne. Nessa obra Sebonde tenta conciliar fé e razão e defende que a razão pode chegar às verdades reveladas pela contemplação da natureza (NT).

que mostra a vaidade de todos aqueles que passam pelos mais naturais e mais firmes. Pergunta se a alma conhece alguma coisa; se ela se conhece a si mesma; se é substância ou acidente, corpo ou espírito; o que é cada uma dessas coisas e se não há nada que não seja de uma dessas ordens; se ela conhece seu próprio corpo; o que é matéria e se ela pode discernir entre a inumerável variedade dos corpos, se houve produção deles; como ela pode raciocinar, se é material; e como pode estar unida a um corpo particular e sentir suas paixões, se é espiritual; quando começou a existir? Com o corpo? Ou antes? Se termina com ele ou não; se ela nunca se engana; se ela sabe quando erra, visto que a essência do desprezo consiste em não conhecer o erro; se em seus obscurecimentos ela na acredita também firmemente que dois e três são seis, mas que em seguida sabe que são cinco? Se os animais raciocinam, pensam, falam; e quem pode decidir o que é o tempo? O que é o espaço ou a extensão? O que é o movimento? O que é a unidade? O que são todas as coisas que nos cercam e interiormente inexplicáveis: o que é saúde, doença, vida, morte, bem, mal, justiça, pecado, de que falamos a todo momento? Se temos em nós princípios do verdadeiro e se aqueles em que acreditamos, chamados axiomas ou noções comuns, porque são comuns em todos os homens, são conformes à verdade essencial? E uma vez que sabemos somente pela fé que um ser totalmente bom os deu a nós como verdadeiros, criando-nos para conhecer a verdade, quem saberia sem essa luz se, tendo sido formados ao acaso, não são incertos ou se, tendo sido formados por um ser mau, este não os deu a nós como falsos, a fim de nos seduzir, mostrando com isso que Deus e o verdadeiro são inseparáveis e que se um é ou não é, se é incerto ou certo, o outro é necessariamente igual. Quem sabe, pois, se o senso comum, que tomamos como juiz do verdadeiro, deve sua existência àquele que o criou? Mais ainda, quem sabe o que é verdade? E como se pode estar seguro de vê-la sem a conhecer? Quem sabe até mesmo o que é ser, que é impossível de definir? Uma vez que não há nada de mais geral e que seria necessário, para explicá-lo, servir-se primeiramente dessa própria palavra dizendo "é, ser", e uma vez que não sabemos o que é alma, corpo, tempo, espaço, movimento, verdade, bem, nem mesmo ser, nem explicar a ideia que nos formamos disso, como nos asseguramos que ela é a mesma em todos os homens, visto que não temos outro sinal senão a uniformidade das consequências, que nem sempre é um sinal daquele dos princípios, pois podem muito bem ser diferentes e conduzir, no entanto, às mesmas conclusões, sabendo-se que o verdadeiro se deduz muitas vezes do falso.

Finalmente, examina tão profundamente as ciências, tanto a geometria, da qual mostra a incerteza nos axiomas e nos termos, que ela não define centro, movimento, etc., como a física em muito mais pontos, como a medicina numa infinidade de formas, como ainda a história, a política, a moral, a jurisprudência e o resto, de tal modo que se acaba convencido que não pensamos melhor agora, a não ser em algum sonho, do qual só despertamos na morte e durante o qual temos tão pouco os princípios do verdadeiro como durante o sono natural. É assim que ele repreende tão forte e cruelmente a razão desprovida de fé que, fazendo-a duvidar se é racional e se os animais o são ou não, ou mais ou menos, a faz descer da excelência que ela se atribuiu e a coloca sem mais em paralelo com os animais, sem lhe permitir de sair dessa ordem, até que seja instruída por seu próprio criador de sua classe que ela ignora, ameaçando-a se resmungar de colocá-la abaixo de tudo, o que é tão fácil como o contrário, e não lhe dando poder de agir, no entanto, a não ser para constatar sua fraqueza com uma humildade sincera, em vez de se elevar por uma tola insolência.

Acreditando estar vivendo num novo país e ouvir uma nova língua, Sacy repetia consigo mesmo as palavras de santo Agostinho: "Ó Deus da verdade, aqueles que conhecem essas sutilezas de raciocínio te são por isso mais agradáveis?" Lamentava esse filósofo que se picava e se dilacerava em todas as partes com espinhos que ele próprio se formava como santo Agostinho diz de si mesmo quando estava nessa situação. Depois, portanto, de uma paciência bastante longa, diz a Pascal:

Sou-lhe grato, senhor; estou certo de que se tivesse lido Montaigne durante muito tempo, não o conheceria tão bem como agora, após esta conversa que acabo de ter com você. Esse homem deveria desejar que só fosse conhecido pelos relatos que você faz de seus escritos e ele poderia me dizer com santo Agostinho: "Ibi me vide, attende" [21]. Acredito firmemente que esse homem tinha espírito, mas não sei se você não lhe empresta um pouco mais do que realmente tinha, por esse encadeamento tão correto que você faz de seus princípios. Pode julgar que, tendo passado minha vida como fiz, pouco me aconselhara a ler esse autor, cujas obras nada têm daquilo que devemos procurar principalmente em nossas leituras, segundo a regra de santo Agostinho, porque suas palavras não parecem sair de uma grande base de humildade e de piedade. Poder-se-ia perdoar

---

(21) Frase latina que significa "lá, olha para mim, presta atenção" (NT).

esses filósofos de outrora, chamados acadêmicos, pelo fato de pôr tudo em dúvida, mas que necessidade tinha Montaigne de divertir seu espírito ao renovar uma doutrina que para os cristãos agora não passa de loucura? É o julgamento que santo Agostinho faz dessas pessoas. De fato, pode-se dizer de Montaigne o que ele dizia de sua juventude: "Em tudo o que diz coloca a fé à parte, assim nós, que temos a fé, devemos da mesma forma colocar à parte tudo o que ele diz." Não recrimino o espírito desse autor, que é um grande dom de Deus, mas podia servir-se melhor dele e fazer dele um sacrifício a Deus antes que ao demônio. Para que serve um bem, quando se faz mau uso dele? "Quid proderat[22], etc.?", diz dele esse santo doutor antes de sua conversa. Você é feliz, senhor, por ter-se elevado acima dessas pessoas, que são chamadas doutores imersos na embriaguez da ciência, mas que têm da verdade o coração vazio. Deus derramou em seu coração outras doçuras e outros atrativos do que aqueles que se encontram em Montaigne; ele o tirou desse prazer perigoso, "a jucunditate pestifera[23]", diz santo Agostinho que dá graças a Deus por lhe ter perdoado os pecados que havia cometido, degustando demasiadamente a vaidade. Santo Agostinho é tanto mais digno de fé por ter estado outrora nessas condições; e, como diz de Montaigne, que é por causa dessa dúvida universal que combate os hereges de seu tempo, assim também, por essa mesma dúvida dos acadêmicos, santo Agostinho deixou a heresia dos maniqueus[24]. Desde que se converteu a Deus, renunciou a essas vaidades, que ele chama de sacrilégios; fez o que diz de outros. Reconheceu com que sabedoria são Paulo nos adverte de não nos deixarmos seduzir por esses discursos, pois confessa que há nisso certo agrado que enleva; às vezes se acredita nas coisas verdadeiras somente porque são ditas com eloquência: são alimentos perigosos, diz ele, mas que são servidos em belos pratos; mas esses alimentos, em vez de alimentar o coração, o esvaziam; assemelhamo-nos então a pessoas que dormem e julgam estar comendo enquanto dormem; esses alimentos imaginários os deixam tão vazios como estavam.

Sacy diz a Pascal muitas coisas similares, ao que Pascal lhe diz que, se o cumprimentava por dominar muito bem Montaigne e de saber muito bem interpretá-lo, pode lhe dizer, sem cumprimentos, que conhecia

---

(22) Expressão latina que significa "para que servia" (NT).

(23) Expressão latina que significa "do prazer pestífero" (NT).

(24) Seguidores do maniqueísmo, religião fundada por Mani ou Maniqueu ((216-274) na Mesopotâmia e na Índia, baseada na coexistência e luta eterna de dois princípios, o bom (luz) e o mau (trevas); teve grande difusão e, entre os séculos III e VI, expandiu-se em grande parte da Ásia e no norte da África – Agostinho era africano (NT).

muito melhor santo Agostinho e que sabia interpretá-lo muito melhor, embora pouca vantajosamente para o pobre Montaigne. Testemunhou-lhe estar extremamente edificado pela solidez de tudo o que acabava de lhe apresentar. Entretanto, estando ainda totalmente envolvido com seu autor, não pôde se conter e lhe disse:

Confesso, senhor, que não posso ver sem alegria nesse autor a soberba razão tão invencivelmente contundida por suas próprias armas e essa revolta tão sangrenta do homem contra o homem que, da sociedade com Deus para onde se elevava pelas máximas de sua fraca razão, se precipita na natureza dos animais. E eu teria amado de todo o meu coração o ministro de tão grande vingança se, sendo discípulo da Igreja pela fé, tivesse seguido as regras da moral, levando os homens, que tinha tão utilmente humilhado, a não irritar por meio de novos crimes aquele que unicamente pode tirá-los dos crimes, que os convenceu de não poder somente conhecer.

Mas, pelo contrário, age como típico pagão. Desse principio que, diz ele, fora da fé tudo está na incerteza e considerando realmente como se procura o verdadeiro e o bem, sem nenhum progresso em direção à tranquilidade, conclui que se deve deixar esse cuidado aos outros e ficar, contudo, em repouso, correndo levemente sobre os assuntos, com medo de naufragar ao se aprofundar neles e tomar o verdadeiro e o bem por sua primeira aparência, sem forçar, porque são tão pouco sólidos, que por pouco que se aperte as mãos, escapam entre os dedos e as deixam vazias. É por isso que segue a relação dos sentidos e as noções comuns, uma vez que deveria fazer-se violência para desmenti-los, não sabendo se ganharia com isso, porquanto ignora onde está o verdadeiro; desse modo, foge da dor e da morte, porque seu instinto o impele a isso e porque não quer resistir pelo mesmo motivo, mas sem concluir daí que sejam verdadeiros males, desde que não se fia muito nesses movimentos naturais de temor, visto que outros de prazer são sentidos e que são ditos maus, embora a natureza fale o contrário. Assim, não tem nada de extravagante em sua conduta, age como os outros homens; e tudo o que fazem no tolo pensamento que seguem o verdadeiro bem, ele o faz por outro princípio, ou seja, uma vez que as semelhanças são iguais de um e de outro lado, o exemplo e a comodidade são os contrapesos que vencem.

Segue, portanto, os comportamentos morais de seu país porque o costume vence; monta em seu cavalo como outro que não fosse filósofo, porque o tolera, mas sem acreditar que seja de direito, não sabendo se esse animal não tem, pelo contrário, o direito de servir-se dele. Ele se faz também alguma violência para evitar certos vícios; e até mesmo guardou a fidelidade do casamento, por causa da dificuldade que se segue às desordens: mas se aquela que tomasse ultrapassa aquela que evita, fica em repouso, uma vez que a regra de sua ação em tudo é a comodidade e a tranquilidade. Rejeita, portanto, totalmente essa virtude estoica que é pintada com uma fisionomia severa, um olhar selvagem, cabelos eriçados, fronte enrugada e suada, numa postura penosa e tensa, longe dos homens num morno silêncio e sozinha no topo de um penhasco, fantasma, ao que diz, capaz de assustar as crianças e que não faz outra coisa, com um trabalho contínuo, senão procurar o repouso, onde nunca chega. A sua é ingênua, familiar, agradável, jovial e, por assim dizer, tresloucada; segue o que a encanta e brinca negligentemente com acidentes bons ou maus, deitada preguiçosamente no seio da ociosidade tranquila, de onde mostra aos homens que procuram a felicidade com tanta dificuldade que está somente lá onde ela repousa e que a ignorância e a despreocupação são dois doces travesseiros para uma cabeça bem feita, como ele próprio diz.

    Não posso dissimular, senhor, que, ao ler esse autor e ao compará-lo com Epicteto, achei que fossem seguramente os dois maiores defensores das duas mais célebres seitas do mundo e as únicas conformes à razão, porquanto não se pode seguir senão uma só dessas duas vias, ou que há um Deus; e então nisso coloca seu soberano bem: ou fica incerto e então o verdadeiro bem o é também, porquanto é incapaz dele. Senti um prazer extremo em observar nesses raciocínios que uns e outros chegaram a alguma conformidade com a verdadeira sabedoria, que tentaram conhecer. De fato, se é agradável observar na natureza o desejo que ela tem em pintar Deus em todas as suas obras, onde se vê algumas características dele, porque são suas imagens, quanto mais justo é considerar nas produções dos espíritos os esforços que fazem para imitar a virtude essencial, mesmo fugindo dela; e observar ainda em que conseguem e em que se afastam dela, como tentei mostrar neste estudo.

    É verdade, senhor, que acaba de me mostrar admiravelmente a pouca utilidade que os cristãos podem retirar desses estudos filosóficos. Não deixaria, contudo, com sua permissão, de exprimir meu pensamento a respeito, sempre pronto, contudo, a renunciar a todas as luzes que não vierem de você; nisso teria a vantagem de ter encontrado a verdade por felicidade ou de recebê-la de você com segurança. Parece-me que a fonte dos erros dessas duas seitas é de não terem sabido que a condição do homem de agora difere daquela de sua criação, de modo que um, distinguindo alguns traços de sua primeira grandeza e ignorando sua corrupção, tratou a natureza como sadia e sem necessidade de reparador, o que o leva ao cúmulo da soberba, ao passo que o outro, sentindo a miséria presente e ignorando a primeira dignidade, trata a natureza como necessariamente enferma e irreparável, o que o precipita na desesperança de chegar a um verdadeiro bem e dali numa extrema negligência. Assim, essas duas situações, que seria necessário conhecer em conjunto para ver toda a verdade, uma vez conhecidas separadamente, conduzem necessariamente a um desses dois vícios, orgulho e preguiça, onde se encontram infalivelmente todos os homens antes da graça, porquanto, se não permanecem em suas desordens por negligência, saem delas por vaidade, tanto é verdade o que acaba de me dizer de santo Agostinho e que julgo de grande alcance: "pois, de fato, se lhes presta homenagem de muitas maneiras".

É, portanto, por causa dessas luzes imperfeitas que um, conhecendo os deveres do homem e ignorando sua impotência, se perde na presunção e que o outro, conhecendo a impotência e não o dever, se deixa cair na negligência; de onde parece que, porquanto um conduz à verdade e o outro ao erro, se poderia formar, aliando-os, uma moral perfeita: mas em lugar dessa paz, não restaria de sua união senão uma guerra e uma destruição geral, pois, um estabelecendo a certeza e o outro a dúvida, um a grandeza do homem e o outro sua fraqueza, arruínam as verdades bem como as falsidades, um do outro, de modo que não podem subsistir sozinhos por causa de seus defeitos, nem se unir por causa de suas oposições; e assim, se entrechocam e se aniquilam para dar lugar à verdade do Evangelho. É ela que concorda as contrariedades por meio de uma arte toda divina; e, unindo tudo o que há de verdadeiro e eliminando tudo o que há de falso, constrói uma sabedoria verdadeiramente celestial, na qual esses opostos se põem de acordo, opostos que eram incompatíveis nessas doutrinas humanas; e a razão disso é que esses sábios do mundo colocam os contrários num mesmo tema, pois um atribuía a grandeza à natureza e o outro a fraqueza a essa mesma natureza, o que não podia subsistir; ao passo que a fé nos ensina a colocá-las em temas diferentes: tudo o que de enfermo pertence à natureza, tudo o que há de poderoso pertence à graça. Aí está a união surpreendente e nova que somente Deus podia ensinar e que somente ele podia fazer, não sendo senão uma imagem e um efeito da união inefável das duas naturezas na única pessoa de um homem-Deus.

Peço perdão, senhor, disse Pascal a Sacy, por deixar-me arrebatar assim em sua presença pela teologia, em lugar de permanecer na filosofia que era meu único assunto; mas fui conduzido imperceptivelmente e é difícil de não penetrar nela, qualquer que seja a verdade de que se trate, porque ela é o centro de todas as verdades: o que aparece aqui perfeitamente, pois ela encerra tão visivelmente todas aquelas que se encontram nessas opiniões. Por isso não vejo como nenhum deles pudesse se recusar em segui-la, pois, se estão dominados pelo pensamento da grandeza do homem, o que imaginaram que não ceda às promessas do Evangelho, promessas que não são outra coisa senão o digno preço da morte de um Deus? E se eles se compraziam em ver a enfermidade da natureza, suas ideias não igualam mais aquelas da verdadeira fraqueza do pecado, do qual a própria morte foi o remédio. Assim, todos encontram nisso mais do que podiam desejar e, o que é admirável, se encontram unidos, eles que não podiam se aliar num grau infinitamente inferior.

Sacy não pôde deixar de testemunhar a Pascal que estava surpreso ao ver como sabia interpretar as coisas, mas confessou ao mesmo tempo que nem todos tinha o segredo como ele de fazer das leituras, reflexões tão sábias e tão elevadas. Disse-lhe que se parecia com esses médicos hábeis que, pela maneira apropriada de preparar os maiores venenos, sabem tirar deles os maiores remédios. Acrescentou que, embora visse bem por aquilo que lhe acabava de dizer que essas leituras lhe eram úteis, não podia acreditar, contudo, que fossem vantajosas para muitas pessoas, cujo espírito se arrastava um pouco e não teria bastante elevação para ler esses autores, além de julgá-los e saber retirar pérolas do meio do lixo, "aurum ex stercore"[25], dizia um Padre da Igreja. O que se poderia realmente dizer desses filósofos é que seu lixo, por meio de sua fumaça negra, podia obscurecer a fé oscilante daqueles que os leem. É por isso que aconselharia sempre a essas pessoas a não se expor levianamente a essas leituras de medo de se perder com esses filósofos e se tornar presa dos demônios e pasto dos vermes, segundo a linguagem da Escritura, como esses filósofos de fato o foram.

Para a utilidade dessas leituras, disse Pascal, assinalaria muito simplesmente meu pensamento. Encontro em Epicteto uma arte incomparável para perturbar o repouso daqueles que o procuram nas coisas exteriores e para forçá-los a reconhecer que são verdadeiros

---

(25) Expressão latina que significa "(tirar) ouro do esterco" (NT).

escravos e miseráveis cegos, pois é impossível que encontrem outra coisa senão erro e dor de que fogem, se não se derem sem reserva a Deus somente. Montaigne é incomparável para confundir o orgulho daqueles que fora da fé se vangloriam de uma verdadeira justiça; para desenganar aqueles que se apegam a suas opiniões e que acreditam encontrar nas ciências verdades inabaláveis; e para convencer tão bem a razão de sua pouca luz e de seus desvios, que é difícil, quando se faz bom uso de seus princípios, ser tentado a encontrar repugnância nos mistérios. De fato, o espírito está tão abatido que está realmente sem condições de poder julgar se a Encarnação ou o mistério da Eucaristia são possíveis, o que os homens comuns discutem continuamente.

Mas se Epicteto combate a preguiça, leva ao orgulho, de modo que pode ser prejudicial àqueles que não estão persuadidos da corrupção da mais perfeita justiça que não provém da fé; e Montaigne é absolutamente pernicioso àqueles que têm algum pendor para a impiedade e para os vícios. É por isso que devem ser regulados com muito cuidado, discrição e consideração à condição e aos costumes daqueles a quem são aconselhados. Parece-me somente que, juntando as leituras dos dois, não poderiam ter mau êxito, porque uma se opõe ao mal da outra, não porque possam dar a virtude, mas somente perturbar nos vícios, uma vez que a alma se encontra combatida por esses contrários, um dos quais elimina o orgulho e o outro, a preguiça, e uma vez que não pode repousar em nenhum desses vícios por seus raciocínios nem tampouco fugir de todos eles.

Foi assim que essas duas pessoas de tão belo espírito se puseram de acordo finalmente a respeito da leitura desses filósofos e confluíram para um mesmo ponto de vista, ao qual chegaram, contudo, de uma maneira um pouco diferente. De fato, Sacy chegou imediatamente pela clara visão do cristianismo, enquanto Pascal só chegou após muitas digressões por se apegar ao princípio desses filósofos.

Pensamentos

Apresentação

A obra *Pensamentos* é realmente de autoria de Pascal, mas o título foi conferido pelos editores que publicaram este texto após a morte do autor. Toma-se como edição mais importante a de 1670, que já aparece com a indicação de 2ª. edição, porque no ano anterior havia sido publicada a primeira, mas com pequena tiragem e restrita em seu conteúdo. Isso não é difícil explicar, uma vez que Pascal deixou como textos inéditos grande número de pastas contendo ideias, reflexões, pensamentos, opiniões, lançados no papel sem ordem alguma e que faziam parte de um projeto de livro destinado a fazer a apologia da religião cristã. Ante a morte prematura de Pascal, célebre como cientista, os editores se empenharam em publicar seus escritos, mas se depararam com um acúmulo impressionante de esboços, textos dispersos e muitos, inclusive, incompletos ou interrompidos. Foi o que ocorreu com a obra que se convencionou intitular *Pensamentos*.

Por essas razões, as primeiras edições divergiam entre si. Além do mais, cada editor conferia aos papéis deixados pelo autor a ordem que bem entendia e acrescentava alguns pensamentos a mais que o outro. Depois de dois séculos de diferentes edições, apareceu em 1897 a edição Brunschvicq, considerada como definitiva durante décadas por muitos pesquisadores e estudiosos. Em 1951, porém, a questão foi reaberta com a edição Lafuma, organizada de forma muito diferente, embora o conteúdo fosse praticamente o mesmo. As edições posteriores de outros editores repetiam ora uma ora outra das duas anteriores, com diferenciações irrelevantes ou com outra organização temática dos pensamentos. As edições desses últimos anos reproduzem a de Brunschvicq, indicando a numeração dos pensamentos constante daquela de Lafuma, ou vice-versa.

Nas páginas a seguir, encontram-se alguns poucos pensamentos de Pascal (o número deles se aproxima de mil nas edições completas), colhidos aleatoriamente das edições Brunschvicq e Lafuma. Como foi afirmado anteriormente, essas ideias esparsas e reflexões de Pascal se destinavam à elaboração posterior de uma apologia da religião cristã. É fácil imaginar, portanto, que a grande maioria dessas reflexões versam sobre a Bíblia e o cristianismo. Por essa razão, se optou pela seleção de alguns pensamentos representativos de outros temas que não os de cunho estritamente religioso.

Ciro Mioranza

Aqueles que julgam uma obra sem tino são em relação aos outros como aqueles que não têm relógio perante os outros. Um diz: "Faz duas horas". O outro diz: "Não faz três quartos de hora." Olho meu relógio e digo ao primeiro: "Estás com tédio"; e ao outro: "O tempo quase não dura para ti, pois faz uma hora e meia." E zombo daqueles que me dizem que o tempo dura para mim e que o julgo por capricho; não sabem que julgo por meio de meu relógio.

***

Da mesma forma que se estraga o espírito, se estraga também o sentimento. Espírito e sentimento se formam pela conversa. Espírito e sentimento se estragam pela conversa. Assim, as boas ou más conversas o formam ou o estragam. Importa, portanto, saber realmente escolher para formá-lo em si próprio e não estragá-lo; e não se pode proceder a essa escolha, se já não se o tiver formado e não estragado. Assim, isso se torna um círculo vicioso e são bem felizes aqueles que conseguem sair dele.

***

Quanto maior o intelecto da pessoa, mais descobre que há homens originais. As pessoas do povo simples não veem diferenças entre os homens.

***

Persuadimo-nos geralmente pelas razões que nós mesmos encontramos do que por aquelas que nos foram transmitidas pelo espírito dos outros.

***

A eloquência é uma arte de dizer as coisas de tal modo que: 1º. aqueles a quem se fala possam entendê-las sem dificuldade e com prazer; 2º. se sintam interessados, de maneira que o amor-próprio os leve de boa vontade a refletir sobre elas.

***

Os rios são caminhos que seguem e que levam para onde se quiser ir.

***

Quando não se sabe a verdade de uma coisa, é bom que haja um erro comum que fixe o espírito dos homens, por exemplo, a lua, à qual se atribui a mudança das estações, o progresso das doenças, etc. De fato, a principal doença do homem é a curiosidade inquieta das coisas que não pode saber; e não é tão mau assim para ele estar no erro quanto nessa curiosidade inútil.

***

A natureza dispôs cada uma de todas as suas verdades em si mesma; nossa arte as encerra umas nas outras, mas isso não é natural: cada uma tem seu próprio lugar.

***

As palavras diversamente dispostas transmitem um pensamento diverso e os sentidos diversamente dispostos causam efeitos diversos.

***

O agradável e o real são necessários, mas é necessário que esse agradável seja ele próprio tomado do verdadeiro.

***

A eloquência é uma pintura do pensamento; e assim, aqueles que, após terem pinto, acrescentam ainda, fazem um quadro em vez de um retrato.

***

Aqueles que constroem antíteses forçando as palavras são como aqueles que constroem janelas falsas para manter a simetria: sua regra não é a de falar com justeza, mas fazer figuras justas.

***

O homem está repleto de necessidades: só gosta daqueles que podem satisfazê-las a todas.

***

O homem gosta da maldade, mas não contra os caolhos ou infelizes, mas contra os felizes soberbos.

***

Certos autores, ao falarem de suas obras, dizem: "Meu livro, meu comentário, minha história, etc." Parecem esses burgueses que têm casa própria e sempre têm "em minha casa" na boca. Seria melhor que dissessem "nosso livro, nosso comentário, nossa história", visto que geralmente há mais nisso coisa de outros do que sua.

***

Queres que se pense bem de ti? Não fales bem de ti.

***

As línguas são cifras em que não as letras são mudadas por letras, mas as palavras por palavras, de modo que uma língua desconhecida se torna decifrável.

***

Falador de boas palavras, mau caráter.

***

Há aqueles que falam bem e não escrevem bem. É que o local, a assistência os aquecem e tiram de seu espírito mais do que nele encontram sem esse calor.

***

Um mesmo sentido muda segundo as palavras que o exprimem. O sentido recebe das palavras sua dignidade em vez de conferi-la a elas.

***

Modo de falar: "Eu teria gostado de me dedicar a isso."

***

É preciso conhecer-se a si próprio; se não servisse para encontrar a verdade, pelo menos serviria para regular a própria vida, e nada mais justo.

***

Não se ensina aos homens a serem honestos e se ensina todo o resto; e eles nunca se preocupam, tanto em nada saber do resto como ser homens honestos. Só se preocupam em saber que nada aprendem.

***

Quando se lê muito depressa ou muito devagar, nada se entende.

***

O espírito crê naturalmente e a vontade ama naturalmente, de modo, na falta de verdadeiros objetos, é necessário que se apeguem aos falsos.

***

Admito como um fato que, se todos os homens soubessem o que dizem uns dos outros, não haveria quatro amigos no mundo. Isso transparece pelas discussões que relatos indiscretos causam às vezes.

***

Embora as pessoas não tenham interesse no que dizem, não se deve em absoluto concluir disso que não mintam, pois há gente que mente simplesmente por mentir.

***

O sentimento da falsidade dos prazeres presentes e a ignorância da inutilidade dos prazeres ausentes causam a inconstância.

***

As coisas têm diversas qualidades e a alma, diversas inclinações, pois nada do que se oferece à alma é simples e a alma nunca se oferece simples em nenhuma situação. Disso decorre que se chora e se ri de uma mesma coisa.

***

A natureza se imita: uma semente, lançada em terra boa, produz; um princípio, lançado num bom espírito, produz; os números imitam o espaço, sendo de natureza tão diferente.

***

A natureza diversifica e imita, o artifício imita e diversifica.

***

A natureza recomeça sempre as mesmas coisas, os anos, os dias, as horas; de igual modo, o espaço e os números estão ponta a ponta um após o outro. Assim se faz uma espécie de infinito e de eterno. Não é que em tudo isso haja algo que seja infinito e eterno, mas esses seres terminados se multiplicam infinitamente. Assim, pelo que parece, só há o número que os multiplica que é infinito.

***

Não gosta mais dessa pessoa de quem gostava há dez anos. É de acreditar, pois ela não é mais a mesma, nem ele tampouco. Ele era jovem e ela também; ela é totalmente diferente. Talvez gostaria ainda dela, se tivesse permanecido como era então.

***

O homem é naturalmente crédulo, incrédulo, tímido, temerário.

***

Descrição do homem: dependência, desejo de independência, necessidade.

***

Condição do homem: inconstância, tédio, inquietude.

***

Nossa natureza subsiste no movimento; o repouso inteiro é a morte.

***

Quando um soldado, um trabalhador ou outros se queixarem do trabalho que têm, que sejam deixados sem nada para fazer.

***

Nada é tão insuportável para o homem que estar em completo repouso, sem paixões, sem negócios, sem divertimento, sem aplicação. É então que sente seu nada, seu abandono, sua insuficiência, sua dependência, sua impotência, seu vazio. De imediato brotará do fundo de sua alma o tédio, a escuridão, a tristeza, o amargor, o despeito, o desespero.

***

Dois rostos semelhantes que cada um deles não faz rir, juntos fazem rir por sua semelhança.

***

Como a pintura é inútil, pois atrai a admiração pela semelhança das coisas de que não se admira os originais.

***

O homem é visivelmente feito para pensar; é toda a sua dignidade e todo o seu ofício; e todo o seu dever é pensar como se deve. Ora, a ordem do pensamento é a de começar por si, por seu autor e por seu fim. Mas em que pensa o mundo? Jamais nisso, mas em dançar, a tocar um instrumento musical, a compor versos, a participar em jogos, a combater, a se tornar rei, sem pensar em que consiste ser rei e ser homem.

***

Nós não nos contentamos com a vida que temos em nós e em nosso próprio ser: queremos viver na ideia dos outros com uma vida imaginaria e para isso nos esforçamos em parecer. Trabalhamos sem cessar em embelezar e conservar nosso ser imaginário e negligenciamos o verdadeiro. E se tivermos tranquilidade, generosidade, fidelidade, nos apressamos em fazê-lo saber a fim de ligar essas virtudes a nosso outro ser e as desligaríamos de nós para acrescentá-las a outro; de bom coração seríamos poltrões para adquirir a reputação de valentes. Que grande sinal do nada de nosso próprio ser, de não estar satisfeito de um sem o outro e de trocar muitas vezes um pelo outro! Realmente, quem não preferisse morrer para conservar sua honra, esse seria realmente infame.

***

Somos tão presunçosos que gostaríamos de ser conhecidos no mundo inteiro e mesmo por pessoas que existirem depois de nossa morte; e somos tão vazios, que a estima de cinco ou seis pessoas que nos cercam nos diverte e nos satisfaz.

***

Não nos preocupamos em ser estimados nas cidades por onde passamos. Mas quando se deve morar nelas por algum tempo, então nos preocupamos. Quanto tempo é necessário para isso? Um tempo proporcional à nossa vã e medíocre duração.

***

A admiração estraga tudo desde a infância: "Oh! como falou bem! Oh! como o fez direito! Como é inteligente!"

***

A vaidade está tão arraigada no coração do homem, que um soldado, um pedreiro, um cozinheiro, um chaveiro se vangloria e pode ter seus admiradores; até mesmo os filósofos querem os seus; e aqueles que escrevem contra querem ter a glória de terem escrito bem; e aqueles que os leem querem ter a glória de o terem lido; e eu, que escrevo isto, talvez tenha também essa vontade e talvez aqueles que o lerem...

***

Curiosidade não passa de vaidade. No mais das vezes só se quer saber para falar depois. Caso contrário, não se viajaria pelo mar para jamais poder dizer algo a respeito e pelo único prazer de ver sem esperança de jamais poder contar.

***

A morte é mais fácil de suportar sem pensar nela do que o pensamento da morte sem perigo.

***

As misérias da vida criaram tudo isso; como viram tudo isso, partiram para o divertimento.

***

Como os homens não conseguiram evitar a morte, a miséria, a ignorância, perceberam que, para serem felizes, não deviam pensar nisso.

***

A única coisa que nos consola de nossas misérias é o divertimento que, no entanto, é a maior de nossas misérias. De fato, é ele que nos impede principalmente de pensar em nós e que nos leva imperceptivelmente a nos perdermos. Sem ele, cairíamos no tédio e esse tédio nos impeliria a procurar um meio mais sólido para sair dele. Mas o divertimento nos alegre e nos faz chegar imperceptivelmente à morte.

***

Nunca nos agarramos ao tempo presente. Antecipamos o futuro porque é muito lento para chegar, como que apressando seu curso; ou recordamos o passado para detê-lo por chegar rápido demais; tão imprudentes que erramos nos tempos que não são nossos e não pensamos no único que nos pertence; e tão fúteis que pensamos naqueles que não são mais nada e fugimos sem pensar do único que subsiste. É que o presente geralmente nos fere. Nós o escondemos à nossa vista porque nos aflige; e se nos é agradável, lamentamos por vê-lo escapar. Tentamos detê-lo por meio do futuro e pensamos em dispor das coisas que não estão em nosso poder para um tempo em que não temos nenhuma certeza de conseguir chegar. Que cada um examine seus pensamentos: verá que estão todos ocupados com o passado e com o futuro. Quase não pensamos no presente e, se pensarmos nele, é somente para conseguir luzes para dispor do futuro. O presente nunca é nosso fim; o passado e o presente são nossos meios; unicamente o futuro é nosso fim. Desse modo, nunca vivemos, mas esperamos viver; e, dispondo-nos sempre a sermos felizes, é inevitável que não o sejamos nunca.

***

Dizem que os eclipses são presságio de desgraça, porque as desgraças são frequentes, de tal modo que os males ocorrem com tanta frequência, que com frequência adivinham; caso dissessem que eram presságio de felicidade, mentiriam com frequência. Só conferem a felicidade a encontros raros de astros no céu; assim com pouca frequência deixam de adivinhar.

***

Salomão e Jó foram aqueles que melhor conheceram e melhor falaram da miséria do homem: um, o mais feliz e o outro, o mais infeliz de todos; um, conhecendo a vaidade dos prazeres por experiência e o outro, a realidade dos males.

***

Nós nos conhecemos tão pouco que muitos pensam morrer quando estão bem de saúde e muitos pensam estar bem de saúde quando estão prestes a morrer, não sentindo a febre próxima ou o abscesso prestes a se formar.

***

O grande e o pequeno têm os mesmos acidentes, os mesmos incômodos e as mesmas paixões, mas um está no alto da roda e o outro perto do centro e, por isso, menos agitado pelo mesmo movimento.

***

Corremos descuradamente para o precipício depois de termos posto alguma coisa diante de nós que nos impede de vê-lo.

***

A sensibilidade do homem para as pequenos coisas e a insensibilidade para as grandes é sinal de uma estranha reviravolta.

***

Que se imagine um grande número de homens acorrentados e todos condenados à morte, uns sendo degolados à vista dos outros; os que vão ficando veem sua própria condição naquela de seus semelhantes e, olhando uns para os outros com dor e sem esperança, esperam sua vez. É a imagem da condição dos homens.

***

Para que a paixão não cause danos, façamos como se não houvesse mais que oito dias de vida.

***

Se se deve dar oito dias da própria vida, que se dê logo cem anos.

***

Quando considero a curta duração de minha vida, absorvida na eternidade precedente e subsequente, o pequeno espaço que preencho e mesmo que vejo, abismado na infinita imensidão dos espaços que ignoro e que me ignoram, me assusto e me espanto por me ver aqui antes que lá, pois não há razão porque aqui e não lá, porque agora e não depois. Quem me colocou nisso? Por ordem e pela conduta de quem este lugar e este tempo foram destinados a mim? *Memoria hospitis unius diei praetereuntis* (Lembrança de um hóspede de um dia que passa – *Livro da Sabedoria*, IV, 12).

***

O silêncio eterno desses espaços infinitos me assusta.

***

Quantos reinos nos ignoram!

***

Por que meu conhecimento é limitado? E minha estatura? Minha duração a cem anos antes que a mil? Que razão teve a natureza de me conferi-la dessa forma e de escolher este número em vez de outro, em cuja infinidade não há mais razão em escolher um em vez de outro?

***

Nós nos sentimos bem em nos apoiar na sociedade de nossos semelhantes: miseráveis como nós, impotentes como nós, não nos ajudarão; morreremos sós. Devemos, pois, agir como se estivéssemos sós; e então, construiríamos casas soberbas, etc.? Procuraríamos a verdade sem hesitar; se nos recusássemos, demonstraríamos estimar mais a estima dos homens do que a busca da verdade.

***

É uma coisa terrível sentir se escoar tudo o que se possui.

***

Entre nós e o inferno ou o céu, só a vida entre dois, que é a coisa mais frágil do mundo.

***

Que a presunção se junte à miséria, eis uma extrema injustiça.

***

Temer a morte fora do perigo e não no perigo, pois é necessário ser homem.

***

Os ateus devem dizer coisas perfeitamente claras; ora, não é perfeitamente claro que a alma seja material.

***

Que motivo têm os ateus de afirmar que não se pode ressuscitar? Que é mais difícil, nascer ou ressuscitar? Que aquilo que nunca foi, seja, ou que aquilo que foi, continue sendo? É mais difícil vir a ser ou tornar a vir? O costume nos torna um fácil, a falta de costume torna o outro impossível: forma popular de julgar!

***

Ateísmo indica força de espírito, mas até certo grau somente.

***

É preciso viver de outro modo no mundo, segundo estas diversas suposições: 1º. se se pudesse estar nele sempre; 2º. se é certo que não se estará nele por muito tempo e incerto se somente por uma hora. Esta última suposição é a nossa.

***

Aqueles que esperam sua salvação são felizes por isso, mas têm como contrapeso o medo do inferno.

***

– Por que me matas? – Ora! Não moras do outro lado do rio? Meu amigo, se morasses do lado de cá, eu seria um assassino e seria injusto te matar dessa forma; mas como moras do outro lado, sou um bravo, e isso é justo.

***

Meu, teu. – "Este cachorro é meu; aquele é meu lugar ao sol", diziam essas pobres crianças. Eis o começo e a imagem da usurpação de toda a terra.

***

É justo que o que é justo seja seguido, é necessário que o que é mais forte seja seguido. A justiça sem a força é impotente; a força sem a justiça é tirânica. A justiça sem força é questionada, porque sempre há maus; a força sem a justiça é acusada. É preciso unir a justiça e a força para que o que é justo seja forte ou o que é forte seja justo. A justiça está sujeita à disputa, a força é realmente reconhecida e sem disputa. Assim, não se conseguiu conferir força à justiça, porque a força questionou a justiça e afirmou que era injusta e que ela era justa. E assim, não conseguindo fazer com que o que é justo fosse forte, se fez com que o que é forte fosse justo.

***

Quando o forte armado possui seu bem, o que possui está em paz.

***

A justiça é o que está estabelecido. Assim, todas as nossas leis estabelecidas serão necessariamente consideradas justas sem ser examinadas, uma vez que estão estabelecidas.

***

A concupiscência e a força são as fontes de todas as nossas ações: a concupiscência faz as voluntárias, a força, as involuntárias.

***

Posso muito bem imaginar um homem sem mãos, pés, cabeça (pois somente a experiência é que nos ensina que a cabeça é mais necessária que os pés). Mas não posso imaginar o homem sem pensamento: seria uma pedra ou um bruto.

***

Instinto e razão, sinais de duas naturezas.

***

Dois excessos: excluir a razão, não admitir a razão.

***

O pensamento faz a grandeza do homem.

***

A meditação é um luxo, ao passo que a ação é necessária.

***

O homem não é nem anjo nem animal e a desgraça é que quem quer fazer o anjo faz o animal.

***

Não nos sustentamos na virtude por nossa própria força, mas pelo contrapeso de dois vícios opostos, como ficamos de pé entre dois ventos contrários: tirem um desses vícios e cairemos no outro.

***

O poder das moscas: ganham batalhas, impedem nossa alma de agir, devoram nosso corpo.

***

A memória é necessária para todas as operações da razão.

***

Duas coisas instruem o homem sobre sua natureza: o instinto e a experiência.

***

Os homens são tão necessariamente loucos que seria ser louco, por outra forma de loucura, não ser louco.

***

Diferença entre o espírito geométrico e o espírito refinado. –

Num, os princípios são palpáveis, mas distantes do uso comum, de modo que se tem dificuldade em virar a cabeça desse lado por falta de hábito; mas por pouco que alguém a vire, vê os princípios em sua totalidade e deveria ter realmente o espírito falso para raciocinar mal com princípios tão evidentes, que é quase impossível que lhes escapem.

No espírito refinado, porém, os princípios são de uso comum e diante dos olhos de todos. É suficiente virar a cabeça, sem se fazer violência; basta ter boa vista, mas é necessário tê-la boa, pois os princípios são tão sutis e tão numerosos que é quase impossível que alguns deles não escapem. Ora, a omissão de um princípio leva ao erro; assim, é necessário ter a vista bem clara para ver todos os princípios e, em seguida, o espírito justo para não raciocinar de modo falso sobre princípios conhecidos.

Todos os geômetras seriam, portanto, refinados se tivessem a vista boa, pois não raciocinam de modo falso sobre os princípios que conhecem; e os espíritos refinados seriam geômetras, se pudessem curvar sua vista para os princípios desabituados da geometria.

O que faz, portanto, com que certos espíritos refinados não sejam geômetras é que não podem em absoluto se voltar para os princípios de geometria; mas o que faz com que geômetras não sejam refinados é que não veem o que está diante deles e que, estando acostumados aos princípios nítidos e brutos de geometria e a não raciocinar senão depois de ter analisado bem e manipulado seus princípios, se perdem nas coisas de refinamento, onde os princípios não se deixam facilmente manipular. São vistos com dificuldade, são sentidos mais que vistos; tem-se dificuldades infinitas para fazê-los sentir àqueles que não os sentem por si mesmos. São coisas tão delicadas e tão numerosos que é necessário um sentido bem delicado e bem nítido para senti-los e julgar correta e justamente de acordo com esse sentimento, sem poder, na maioria das vezes, demonstrá-los por ordem como em geometria, porque não se possui dessa forma os princípios e seria uma coisa extremamente difícil tentar. É necessário ver imediatamente a coisa, com um só olhar, e não por um raciocínio progressivo, pelo menos até certo grau. E desse modo, é raro que os geômetras sejam refinados e que os refinados sejam geômetras, porque os geômetras querem tratar geometricamente essas coisas refinadas e se tornam ridículos, querendo começar pelas definições e em seguida pelos princípios, o que não constitui a maneira de agir nessa espécie de raciocínio. Não é que o espírito não o faça, mas o faz tacitamente, naturalmente e sem arte, pois a expressão deles ultrapassa todos os homens e seu sentir só pertence a poucos homens.

Os espíritos refinados, pelo contrário, estando acostumados a julgar com um só olhar, ficam tão surpresos – quando se lhes apresenta proposições de que nada entendem e que para penetrar nelas necessitam passar por definições e princípios tão estéreis que não se habituaram a ver tão detalhadamente – que se decepcionam e se desagradam.

Os espíritos falsos, porém, jamais serão refinados nem geômetras.

Os geômetras, que são unicamente geômetras, têm, pois, o espírito reto, mas contanto que se lhes explique muito bem todas as coisas por meio de definições e princípios; caso contrário, são falsos e insuportáveis, pois são unicamente justos nos princípios bem esclarecidos.

E os refinados, que são exclusivamente refinados, não podem ter a paciência de descer até os primeiros princípios das coisas especulativas e da imaginação, que nunca viram no mundo, e totalmente fora de uso.

***

Há diversas espécies de senso reto. Uns o têm em certa ordem de coisas e não nas demais ordens, onde extravagam.

Uns tiram muito bem consequências de poucos princípios, o que representa retidão de senso.

Outros tiram muito bem consequências das coisas onde há muitos princípios.

Por exemplo, uns compreendem muito bem os efeitos da água, na qual há poucos princípios; mas as consequências são tão refinadas, que somente uma extrema retidão de espírito pode chegar a detectá-las.

E esses não seriam talvez por isso grandes geômetras, porque a geometria compreende um grande número de princípios e porque uma natureza de espírito pode ser tal que possa muito bem penetrar poucos princípios até o fundo e não possa penetrar de forma alguma as coisas em que há muitos princípios.

Há, portanto, duas espécies de espírito: uma, a de penetrar viva e profundamente as consequências dos princípios e esse é o espírito de justeza; a outra, a de compreender um grande número de princípios sem confundi-los e esse é o espírito geométrico. Um é força e retidão de espírito, o outro é amplitude de espírito. Ora, um pode muito bem subsistir sem o outro, podendo o espírito ser forte e restrito e podendo também ser amplo e fraco.

***

Aqueles que estão acostumados a julgar pelo sentimento não compreendem nada das coisas de raciocínio, pois querem primeiramente penetrar de repente e não estão acostumados a procurar os princípios. E os outros, pelo contrário, que estão acostumados a raciocinar por princípios, não compreendem nada das coisas de sentimento, procurando nele princípios e não podendo ver de repente.

***

A verdadeira eloquência zomba da eloquência, a verdadeira moral zomba da moral, ou seja, a moral do juízo zomba da moral do espírito – que é sem regras.

De fato, o juízo pertence ao sentimento como as ciências pertencem ao espírito. O refinamento é a parte do juízo, a geometria é a do espírito.

Zombar da filosofia é verdadeiramente filosofar.

IMPRESSÃO E ACABAMENTO:
Gráfica Oceano